다시 , 즐거운
학교 상담

마음돋보기로 바라보는
우리의 진짜 속마음

다시, 즐거운
학교 상담

마음돌보기로 바라보는
우리의 진짜 속마음

유인선 백소라 김아람 이경민 지음

에듀니티

학교 상담의 즐거움을 발견하는 특별한 안내서

학교라는 환경 속에서 청소년을 대상으로 상담을 진행하는 일은 결코 쉽지 않습니다. 상담을 강의하는 교수로서 저는 이곳을 가장 까다로운 상담 현장으로 설명해왔습니다. 그러나 "다시, 즐거운 학교 상담"에서 저자들은 그러한 어려운 현실을 마주하면서도 따뜻하고 긍정적인 시각을 잃지 않고, 학생들과 진심 어린 소통을 통해 상담을 즐겁게 풀어가고 있습니다.

이 책은 학교 현장에서 실제 상담을 진행해 온 최전선 실무자들이 들려주는 생생한 경험을 바탕으로, 교사이자 상담자로서 학교에서 어떻게 효과적인 상담을 진행할 수 있는지를 다양한 사례와 비유를 통해 친절하게 안내합니다. 저자들의 다정한 시각은 독자의 마음에 따뜻하게 스며들어, 마치 가까운 친구와 이야기를 나누는 듯한 공감을 불러일으킵니다.

학교 상담의 깊이 있는 경험과 실질적인 조언이 담긴 이 책은, 학생들의 마음을 이해하고 지지하고자 하는 모든 이들에게 추천할 만합니다. 특히, 학생들의 마음에 더 깊이 다가가고자 하는 일반 교사들이라면 이 책을 꼭 읽어보시길 권합니다. 저자들이 전해주는 다정한 시선은 학생상담과 생활 지도의 가시밭길을 꽃길로 바꾸어주는 힘이 되어줄 것입니다.

정지선

부산대학교 교육학과 조교수
한국상담심리학회 상담심리사 1급
미국 뉴욕주 공인 심리학자

교사의 열정을 깨우는 '마음돌보기'

여기저기서 공교육이 무너졌다, 교직을 탈출해야 한다는 아우성이 들려오는 요즘입니다. 여러 가지 어려운 사안들, 교사와 학생, 그리고 보호자와의 갈등으로 먹구름이 드리워진 학교 현장. 답답함과 막막함 속에 하루에도 여러 번 무너지곤 합니다. 암담한 현실 속에서 교사에게 가장 필요한 건 무엇일까요? 고민 끝의 해답을 이 책을 통해 하나, 둘 찾아 나갈 수 있었습니다. 이 책에 제시된 '마음돌보기'로 학생을 바라보고, 학생에게 다가가고, 학생들과 어울리는 방법을 조금씩 따라가다 보면 어느새 잊혀졌던 내 안의 열정과 자신감이 살아날 것입니다. 친절한 상담 선생님들의 안내에 따라 우리 '함께' 모두가 안전하고 즐거운 학교를 만들어 나가볼까요?

김지영

전문상담교사, 상담대학원 겸임교수
『상담을 돕는 상담책』외 공저

학생들을 마음으로 마주하며
진심을 전달하고 싶은 모든 선생님에게

교사로서의 사명감으로 똘똘 뭉쳐 패기 넘치던 신규교사였던 저에게, 담임하는 반 학생으로 만난 아이의 울음 섞인 말은 공포로 다가왔습니다. 학생들을 사랑으로 맞이하고 진심으로 대하면 무엇이든지 해결할 수 있다는 믿음으로만 버티기엔 어려운 순간들이었지요. 그래도 다행히 저에게는 따뜻하고 능력 있는 상담 선생님이 동료로 계셨습니다. 선생님은 학생의 이야기를 어떻게 들어줘야 하는지, 위험한 순간에는 어떻게 대처해야 하는지, 보호자와의 협력은 어떻게 끌어내야 하는지 하나씩 알려주셨습니다. 그리고 혼자 감당하기 어려운 순간에는 자신을 찾으라는 든든한 위로까지 함께요.

담임 선생님, 보호자, 상담 선생님이 협력하면 죽음의 문턱을 넘으려고 했던 학생이 얼마나 달라질 수 있는지도 실제로 경험했습니다. 학생은 표정이 밝아진 것뿐만 아니라, 자기 비하와 원망으로 가득 찬 마음에 온전히 자신을 바라볼 수 있는 용기가 채워지게 되었습니다. 긴 여정을 끝내고 졸업식을 하던 날, 학생을 부둥켜안으며 말없이 서로의 온기를 나누었던 기억이 납니다. 이 책은 이제 막 교직 생활을 시작하는 새내기 선생님들에게, 혹은 마음의 상처로 말을 건네기 무서운 선생님들에게도, 보호자와 원활하게 이야기를 나누고 싶은 선생님 모두에게 필요한 책입니다. 학생들을 마음으로 마주하며 진심을 전달하고 싶은 모든 선생님에게 추천해 드립니다.

최선희

공주여자고등학교 윤리 교사

차 례

프롤로그   12   마음돌보기로 발견하는
                                우리의 진짜 마음

1장.   22   알고 싶다, 우리의 진짜 속마음!

                      36   지금 우리에게 필요한 마음돌보기

바라보면   46   마음돌보기 사용해 보기
알게 된다
                      60   마음은 언제나 오르락내리락

2장.   70   감정조절의 시작을 함께해야 하는 이유

                      85   감정이란 마음의 날씨

성격이 아니라   92   진짜 마음을 꼭 잡아주세요
기분
때문입니다   106   마치 자전거 타기를 가르치듯이

3장.

**관계에는
기술이
필요합니다**

116 관계는 어떻게 이루어져 있을까?

131 적절한 거리를 배워요

143 관계 맺기가 어려운 학생

158 지혜롭게 돌려주세요

4장.

**우리가 만드는
든든한 울타리**

170 우리는 교육'공동체'

189 '함께'라는 연대감

197 보호자를 만나는 경험

213 보호자와 대화 주고받기

5장.

**학교 상담
알아가기**

230 마음챙김으로 준비하는 학교 상담

245 학교 상담 분위기 만들기

261 학교 상담은 시작이 반이다

277 학교 상담은 소통이다

에필로그

292 그냥 응원 편지입니다

마음돌보기로 발견하는 우리의 진짜 마음

지난해 여름은 유난히 더웠습니다. 새벽같이 일어나 KTX를 타고 갔다가 저녁 8시쯤 집에 오기를 10일간 하기는 쉽지 않았습니다. 그렇게 7일쯤 되자 '그래, 진짜 열정이다. 대단하다.'며 응원하는 마음과 '꼭 이 더운 여름이어야 했나?' 하며 지쳐가는 마음 사이에 저울질이 시작되었습니다. 그리고 그날 저녁에 메일이 왔다는 알람이 깜빡였습니다.

"그냥 안부 메일입니다. :)"

10일간의 연수가 쉽지 않다는 건 저도 이미 알고 있었습니다. 그래서 나름의 지치지 않을 전략을 세웠습니다. 아침에는 평소 커피가 맛있다고 소문난 카페에 들어가 커피와 샌드위치를 의식(ritual)처럼 받아들고는 '부지런한 나'를 칭찬했습니다. 또 응원이 더 필요한 날에는 소셜미디어에 사진과 짧은 메시지를 공유하고 '좋아요'를 받아보기도 했습니다. 나름 열심히 나를 챙긴다고 챙겼는데, 무더위와 빡빡한 일정은 응원하는 마음보다 지쳐가는 마음을 점점 더 크게 만들었습니다.

갑자기 도착한 메일은 더없이 간단한 메시지였지만 생각보다 더 큰 힘이 되었습니다. 더운 여름, 잘 보내고 있는지 궁금해서 문득 메일을 보냈다고 했습니다. 누군가 내가 잘 지내기를 바랐다는 생각에 가슴이 따뜻해져 피로가 녹아내리는 것 같았습니다. 그렇게 내가 나를 응원하는 마음과 누군가 나를 응원하는 마음을 모아서 10일간의 연수를 무사히 마무리할 수 있었습니다. 몸도 맘도 지쳐가던 10일의 연수를 떠올릴 때면 그 메일이 항상 기억납니다. 그러고 보면 메일 덕분에 연수를 마무리를 잘 할 수 있었던 게 분명합니다.

요즘 학교가 변했다는 이야기가 자주 들려옵니다. 일단 친구들이나 주변 지인들이 저에게 하는 말들이 달라졌습니다. 전에는 "방학 있어서 좋겠다."고 해서 습관적으로 "애들이 방학이지, 교사들은 아니다."고 말하곤 했습니다. 요즘엔 부럽다는 말이 쏙 들어갔습니다. 대신 "방학이라도 있어야지 힘들겠다."고 합니다. 또 "요새 애들 장난 아니라더라 정말 그러냐."고 합니다. 이 말에 저는 전처럼 '아니야. 애들 이뻐, 학교가 언론에 비치는 것처럼 어렵진 않아. 얼마나 재밌다고!'라고 말하고 싶지만 입이 쉽게 떨어지지 않습니다. 학생들과 함께라서 즐겁고, 재미나고, 보람찬 일들도 많고 때로 지치고 힘든 일도 많은 곳이 학교라는 걸 이젠 잘 알고 있기 때문입니다.

변하고 있는 학교에서는 배워야 할 것도 많아졌습니다. 수업은 말할 것도 없고, 생활교육에서도 많은 변화가 요구되고 있습니다. 학교의 많은 변화들은 다행스럽게도 예상되는 결과에 따라 '차근차근' 준비되고 있습니다. 그렇지만 어떤 변화들은 갑작스런 계기를 만나 '그때 그때' 일어나기도 합니다. 학생들과 만나는 우리들의 생활교육은 요즘 들어 '차근차근' 보다는 '그때 그때' 일어나는 상황에 더 많은 영향을 받고 있습니다. 우리의 일상을 완전히 바꿔놓았던 코로나19 때, 그리고 또 놀랄 만큼 심각해지고 있는 학교폭력 사건들이 온 국민의 걱정거리가 되었을 때도 학교는 '그때 그때' 필요한 것들을 찾아 바꾸고 채워야 했습니다. 그러다 보니 자꾸만 변하고 촘촘해지는 다양한 생활지도 방침들 속에서 선생님들도 학생들과 어떻게 지내야 하고 어떤 얘기를 해야 하는지 고민이 될 때가 많아집니다.

학교에서 벌어지는 일들이 심각하고 복잡할수록 학생의 안전과 밀접한 관련이 있습니다. 선생님들이 더 긴장하고 예민해지는 것은 당연합니다. 그래서 선생님들은 여기저기로 다니며 안전하고 즐거운 학교를 만들기 위해 두 배, 세 배 노력하고 있습니다. 선생님들이 들이는 노력만큼 학교 가 안전하고 즐겁다면 좋겠지만 걱정스러운 것은 학생들의 정서적 안녕감이 점점 나빠지고 있다는 것입니다.

학생들의 정서적 안녕감이 위협받고 있습니다. 학교에서 선생님들은 학생들과 학교규칙 때문에 심한 갈등을 빚기도 합니다. 때로는 보호자들의 날 선 표현들에 상처받기도 합 니다. 최근 교권침해로 인해 발생했던 안타까운 일들은 이 제 뉴스에 나오는 일이 아니라 주변에서도 흔하게 듣는 일 이 되었습니다. 그러다 보니 몇몇 선생님들은 가끔 교실이 무섭고 긴장되게 느껴진다고 합니다. 학생과 마주 앉으면 '어떤 말을 먼저 꺼내야 하나….' 하는 생각에 분위기가 어 색하고 이야기를 나누는 일, 학생과 함께 어울리는 일이 부 담스럽게 느껴져 몇 마디 더 해야 할 말을 참고 그냥 넘긴 적도 있다고 했습니다. 학교와 교실이 휘청입니다.

안전하고 즐거운 학교를 만들기 위해서는 이제 선생님과 학생 모두가 안전하게 마음을 나눌 수 있는 '새로운 방법'들 이 필요합니다. 새로운 방법을 찾기 위해 '바로 쓸 수 있는 방법들은 없을까?' 고민해 보았습니다. 그래서 그동안 전 문적학습공동체 활동을 하며 읽었던 지식과 학교 현장에서 고민했던 생각들을 모아보았습니다. 그리고 우리가 나눈 대화들을 정리해보니 학교에서 해볼 수 있는 일들이 크게 다섯 가지 방법으로 묶였습니다. 그래서 이 책은 학생들이 학교에서 더 잘 지내기를 바라며 고민했던 수많은 선생님들과 이야기를 나누고 열심히 고민하는 전문 상담교사들의 '상담에 기반한 안전하고 즐거운 학교를 만드는 새로운 방법들'에 관한 아이디어 모음집입니다.

먼저 학생을 바라보는 방법입니다. 무언가를 바라보는 방식이 바뀌면 그 대상은 새로운 해석을 얻게 되는 것처럼, 만약 우리가 학생들을 바라보는 새로운 방식을 알게 된다면 학생에 대한 새로운 해석을 얻을 수 있습니다. '왜 저러는지 궁금한' 학생이 아니라 '어떤 사건 또는 어떤 환경을 경험했는지 궁금한' 학생으로 바라볼 수 있다면 어떨까요. 선생님은 학생이 '문제'를 해결하는데 필요한 부분을 찾고 조력할 수 있을 것입니다. 그러기 위해서 새롭게 학생을 바라보는 관점과 방법들을 설명하였습니다.

두 번째로는 학생에게 다가가는 방법입니다. 학생들에게 다가간다는 일은 학생과 믿음을 쌓아가는 일입니다. 일단 믿음이 쌓이면 학생은 선생님을 믿고 새로운 도전과 시도를 할 수 있습니다. 믿을만한 선생님이 있다면 새로운 도전 앞에서 느끼는 불안이나 실패를 겪었을 때의 슬픔도 견

딜 만해지기 때문입니다. 특히 감정을 조절하기 어려워하는 학생을 도울 수 있는 방법에 초점을 두고 선생님이 학교생활 중에 쉽게 적용해 볼 수 있도록 하였습니다.

세 번째로는 학생과 어울리는 방법입니다. 선생님은 단순히 교과 지식을 전달하는 존재를 넘어 학생의 생활 속에서 큰 의미를 갖습니다. 그래서 선생님과 학생의 관계 속에서 선생님은 멀티플레이어입니다. 학교에서 선생님은 학생의 보호자이자, 스승입니다. 때로는 인생의 조언을 건네는 멘토이고, 든든한 조력자이기도 합니다. 그리고 스스럼없이 어울리는 친구가 될 때도 있습니다. 선생님과 학생의 튼튼한 관계 속에서 학생은 앞으로 필요한 다양한 사회기술을 배웁니다. 그래서 선생님이 알아두면 도움이 되는 관계기술을 정리했습니다.

네 번째는 학교에서 선생님들 그리고 보호자와 한 팀이 되는 방법입니다. 학생에 관한 한 동료교사와 보호자는 학생을 응원하는 든든한 조력자입니다. 만약 동료교사의 협력과 지지, 보호자와의 소통과 자녀에 대한 관심이 없다면 학생의 '문제'는 해결될 수 없습니다. 동료교사와 효과적으로 협력하는 방법, 보호자와 안전한 관계를 구축하여 학생을 위한 든든한 울타리를 만드는 방법에 대해 다루어 보았습니다.

마지막으로 마음챙김으로 학생과 대화 준비를 하는 방법입니다. 학교 상담을 시작하기 전에 나의 마음 상태를 우선 알아차릴 수 있다면 마음의 여유 공간을 만들 수 있습니다. 이 공간이 생기면 학생들의 대화에 집중할 수 있게 됩니다. 그리고 그 공간에는 학생들의 마음이 담깁니다. 학교에서 간단히 사용할 수 있는 '마음챙김으로 대화하는 학생상담 방법'을 안내해드립니다.

　지금도 학교 곳곳에는 즐겁고 안전한 교실과 학교를 떠올리며 열심히 힘을 내는 선생님들이 많이 있습니다. 애쓰고 계실 선생님을 떠올리며 돌아보면 무언가를 해내기 위해 스스로를 챙기고 또 채워나가는 모습 자체로 배울 것이 많습니다. 애쓰고 있는 선생님들, 그리고 이 책을 읽고 있는 선생님들에게도 그 여름날의 다정했던 메일과 같은 마음을 책의 내용에 실어 전해보고 싶습니다. 도착한 메일은 일상의 기쁨이었습니다.

"선생님 즐겁게 지내고 계시기 바랍니다.
그냥 안부 인사예요. :)"

　선생님을 응원하고 싶은 우리의 마음들이 '학생들과 어떻게 대화를 할 수 있을까?' 하는 고민으로 학생들과 대화하는 방법을 알고 싶어하는 선생님들에게 힘이 되기를 바랍니다. 특히 학교에서 여러 가지 문제로 힘들어하는 학생들과 좀 더 안전하게 대화할 수 있기를 기대하는 선생님들에게 더 와 닿기를 바라봅니다.

1장.

바라보면
알게 된다

알고 싶다, 우리의 진짜 속마음!

학생들이 있는 학교는 하루하루가 변화무쌍합니다. 그중에서 가장 변화무쌍한 건 아마도 하루에도 몇 번이나 변하는 학생들의 마음이 아닐까 합니다. 아침에는 좋았다가도 금세 시무룩해지고, 입을 삐죽거리다가도 금방 다시 돌아와 '하하', '호호' 웃는 학생들을 우리는 매일 만납니다. 이런 학생들을 보며 가끔은 "학생들의 마음을 좀 더 깊이 들여다볼 수 있다면 얼마나 좋을까." 하는 생각이 듭니다. 학생들의 마음을 이해할 수만 있다면 지금 그 마음속에 어떤 일이 일어나는지 알아차리고 필요한 부분을 딱 맞게 채워줄 수 있을 텐데….

최근 들어, 학생들의 마음을 도통 모르겠는 일들이 참 많이 늘어났습니다. 그렇지만 '아무 일도 없는 학교'는 없습니다. 성장을 위해서는 시행착오와 실패도 필연적입니다.

문제는 학생들이 불편한 마음을 진정하는데 너무 많은 에너지를 쓰다 보면 새로운 일을 시도하는 데에 필요한 에너지가 부족해진다는 점입니다. 우리도 학생들이 마음 편히 다닐만한 학교를 만드는 방법은 무엇인지 많은 관심과 노력을 쏟고 고민해야 합니다. 하루에도 몇 번씩 오르락내리락하는 학생의 마음을 우리가 어떻게 지킬 수 있는지, 이제 그 방법을 찾아 보려고 합니다.

안전한 학교가 필요해

학교에서는 학생들의 안전을 위해 반드시 해야 하는 교육이 있습니다. 그중 하나가 '생존수영'입니다. '생존수영'이란 말 그대로 물속에서 만날 수 있는 다양한 위기를 해결하고 생존하는데 필요한 수영 기술을 의미합니다. 생존수영을 배운 학생들은 생존수영을 배우지 않은 학생들에 비해 물속에서 위기를 맞닥뜨렸을 때 덜 당황하고 더 적절하게 대처할 수 있습니다. 위기에서 생존할 가능성이 커집니다.

그래서 생존수영은 꼭 배워야 하는 학교의 교육활동이며, 모든 학생들이 생존수영을 배워야 합니다. 처음 물에 들어갈 때는 누구나 긴장하고 무섭게 느낄 수 있습니다. 특히 물에 처음 들어가는 학생들은 생존수영을 배울 때 많이 긴장하더라도 수업이 진행되면 긴장은 차차 풀리고 물에 더 익숙해집니다. 하지만 어떤 학생들은 이 과정을 힘들어하고 진척도 없어 보입니다.

어릴 적 바닷물에 빠져 위험했던 학생은 처음부터 쉽게 물에 들어가지 못합니다. 그 기억이 생생하고, 상황이 위험했을수록 학생의 걱정과 긴장은 더 커지게 마련입니다. 그러다 보니 생존수영을 배우기 전부터 걱정하고 긴장합니다. 긴장하면 몸에 힘이 들어가고, 그렇게 되면 여지없이 몸이 뜨지 않으니 다시 물을 먹는 일이 반복됩니다. 물에 빠졌던 기억이 물을 더 무섭게 만든 것입니다.

생존수영을 배우는 데에 별다른 어려움이 없다가도 예상치 못한 이유로 갑자기 힘들어진 학생도 있습니다. 생존수영 수업 중 몇 번이나 물을 먹고, 목과 코가 따가워서 혼쭐이 나는 경험을 하고, 여기에 숨을 쉬지 못하는 답답함까지 더해집니다. 그러면 학생은 덜컥 겁이 나고 물에 들어가기가 싫다는 생각이 생깁니다. 한번 그런 생각이 드니 이제는 물에 들어가는 시간이 고역이 되고, 결국 생존수영을 배우고 싶은 마음 자체가 사라졌습니다. 실력도 늘지 않으니, 수영장에 가는 날이 싫어집니다. 학생은 "머리가 아프다.",

"배가 아프다."라고 말하며 학교에 가기를 꺼립니다.

여러 가지 이유로 생존수영을 배울 때마다 학생이 계속 긴장하고 불안해하면 생존수영을 배울 기회가 더 줄어들 수밖에 없습니다. 사실, 물은 그 자체로 무섭거나 위험한 것이 아닙니다. 학생의 긴장과 걱정 때문에 물이 위험하다고 인식되는 것입니다.

누구나 다른 사람들보다 더 피하고 싶고, 꺼려지고, 예민한 것들이 있게 마련입니다. 그리고 이런 것들에는 대부분 각자의 계기라고 할만한 특별한 경험들이 얽혀있습니다. 예를 들어, 최 선생님은 심하게 체했던 기억 때문에 바나나를 먹지 않고, 어릴 적 사나운 개에게 쫓겼던 김 선생님은 조그만 강아지를 보는 것만으로도 긴장된다고 합니다. 바나나를 먹기 싫고 강아지를 보면 무섭다는 최 선생님과 김 선생님의 반응은 그와 얽힌 경험과 기억에서 비롯된 자연스럽고 당연한 것입니다.

물론 우리가 겪는 모든 경험이 이런 반응을 일으키는 것은 아닙니다. 일상에서 우리는 모두 놀라거나, 슬프거나, 불쾌한 일들을 자주 마주합니다. 하지만 이 일 중 대부분은 하루 이틀, 또는 며칠씩 문득문득 생각나다 점차 잊히곤 합니다. 다만 우리가 감당하기에 어려웠거나, 우리의 해결 능력을 넘어섰던 일들은 쉽게 잊히지 않고 오래 기억에 남습니다.

우리의 뇌는 우리를 위험으로부터 지키고 싶어 합니다. 그래서 크게 놀라거나 위험했던 일들은 쉽게 잊히지 않습니다. 같은 상황이 아니더라도 비슷한 상황에서 기억이 다시 떠오르기도 합니다. 그래야 바나나를 먹고 체하거나 사나운 개를 만나는 것과 같은 위험한 일들을 피하고 우리를 더 안전하게 지킬 수 있기 때문입니다.

우리가 기억하는 것들은 우리의 몸과도 연결되어 있습니다. 기억이 떠오를 때, 몸 안에서는 두근거리는 느낌이 들며 떨리거나, 땀이 나고, 몸에 힘이 들어가는 반응이 나타납니다. 심한 경우에는 그저 멍하니 있는 것처럼 보일 수도 있습니다. 이런 몸의 반응, 감정 그리고 떠오르는 기억은 우리가 위험하다고 느껴지는 환경에서 보호하려는 자연스러운 반응입니다. 이 기억이 다른 경험을 통해 안전하다고 여겨지지 않는 한, 비슷한 상황에서는 같은 반응들이 계속 일어납니다, 위험한 상황에 처하지 않고 안심할 수 있는 환경을 유지하는 것만이 생존의 방법이 되기 때문입니다.

요즘 학교는 학생들에게 얼마나 안전한 공간일까요? 안타깝게도, 학교는 학생들뿐 아니라 우리 모두에게 점점 걱정과 불안의 공간으로 비치고 있습니다. 최근 언론에서 심각하게 보도되었던 학교폭력 사건들과 쉽게 해결하기 어려운 학생들 간의 갈등은 학생들에게 큰 스트레스를 주고 있습니다. 계속되는 시험과 평가가 학생들을 지치게 하고, 다른 사람의 평가에 예민해지며, 친구들과 자신을 지나치게 비교하게 합니다. 시험을 볼 때 열심히 준비했어도 스스로 원하는 결과를 얻지 못해 좌절하거나 실망하게 됩니다.

이런 상황에서 학생들은 슬퍼하거나 긴장하고, 화가 나는 순간들을 경험하게 됩니다. 이때 학생들이 적절한 방법으로 스트레스를 풀지 못하거나 결과에 지나치게 매달린다면 학생들의 마음에 걱정과 불안이 자리 잡습니다. 그러면 친구들과도 쉽게 친해지지 못하고, 시험을 앞두고 과도하게 긴장하고, 그런 자신을 탓하게 될 수도 있습니다. 급식실이나 교실에 들어가지 못하고 학교에 빠지는 날들이 생길 수도 있습니다. 학생에게 학교는 무섭고 불안한 장소로 여겨지게 됩니다.

하지만 학교에서 아무 일도 일어나지 않는 것은 불가능에 가깝습니다. 우리의 학창 시절을 떠올려보더라도 그렇습니다. 친구들에게 서운함을 느낄 때도 있지만 다시 사이좋게 지내려고 하면서 친구 관계를 배웠고, 시험이나 대회를 앞두고 걱정하고 불안할 때도 있지만, 계획을 짜고 실천하며 성취감을 느끼기도 했습니다. 또 친구끼리 서로 위로하고 도우면서 배려와 존중도 깨달았을 것입니다.

우리가 학교에서 이런저런 일을 겪으면서도 나에게 도움

이 되는 것들을 배울 수 있었던 이유는 무엇일까요? 아마도 그 당시 나를 지지해 주는 친구들과 선생님이 나를 더 불안하게 하거나 걱정하게 만들지 않고 안심시키고 위로해 주었기 때문이 아닐까요? 선생님들과 친구들이 한 일은 우리를 대신해서 어떤 특별한 일을 한 것이 아닙니다. 단지 우리가 정서적으로 약한 상태일 때 안심이 되고 믿을만한 심리적 환경을 같이 만들어 나간 것입니다. 이런 면에서 학생들이 정서적으로 약한 상태일 때 심리적 환경은 그 무엇보다 중요하다고 하겠습니다.

학생들이 걱정되고 힘들어하는 일들을 경험하고 있을 때 믿을만한 선생님이 필요합니다. 학생들이 편안하고 안전하다고 여길 때 비로소 배울 수 있고 도전할 수 있기 때문입니다. 반대로, 학생이 경험하는 학교가 안전하지 않을 때 학생은 자신을 둘러싸고 있는 환경이 안전한지 확인하고 위험을 경계하는 데에 에너지를 쏟게 됩니다. 이렇게 에너지를 소모하면 정작 집중해야 할 일에 에너지를 쓸 수 없습니다. 수업에 집중하는 시간도 짧아지고 학교생활이 버겁고 힘들어집니다.

학생이 편안한 공간에서는 주변을 살피느라 에너지를 소모할 필요가 없고, 몸의 긴장이나 걱정도 줄어듭니다. 안정감을 느끼게 되는 것입니다. 마음이 편안해지면 주변에 쓰던 에너지를 배움에 온전히 쏟을 수 있습니다. 마치 기초공사가 탄탄할 때 튼튼하게 건물을 세울 수 있는 것처럼, 학생도 정서적으로 건강할 때 학교는 그 역할을 제대로 발휘하게 됩니다. 이때 학생들은 수업에 적극적으로 참여하고, 다양한 활동에 도전하며, 친구들과 어울리면서 자신을 긍정적으로 경험하게 됩니다. 이러한 과정에서 무언가를 성취하는 경험은 학생에게 자신감과 도전에 대한 동기를 불러일으킵니다.

학생의 건강한 몸과 마음의 성장은 학교의 가장 중요한 목표입니다. 우리는 학생들이 학교의 울타리 안에서 다양한 도전을 통해 성장하고, 성숙한 성인으로 자신의 역할을 잘 해내기를 바랍니다. 우리들의 이런 바람 역시 학생이 학교에서 안정감을 느낄 때만 가능한 일입니다.

학교 안의 '코끼리'

'방 안의 코끼리'라는 표현은 모두가 무언가 잘못되었다고 느끼지만, 아무도 먼저 언급하지 않는 상황을 의미합니다. 방 안에 커다란 코끼리가 있어 누가 봐도 이상한 상황이라고 생각하지만, 코끼리가 보이지 않는 척하고 있는 이유는 그 '코끼리'에 대해 말하는 순간 위험이나 책임을 감수해야 하기 때문에 아무도 말하지 않는 것입니다. 학교에도 '학교 안의 코끼리'가 있습니다. 이 코끼리는 보고 싶지만 보이지 않아 우리에게 더 큰 고민을 안겨주기도 하고, 보이지 않기 때문에 없다고 하고 싶기도 합니다. 이 코끼리는 무엇일까요?

주말에 어떤 학생이 '그동안 감사했다'라는 메시지를 보내왔습니다. 사실 학생은 위기 상황에 놓여있었습니다. 선생님은 학생의 상황을 알고 있었기에 즉시 학생이 어디에 있고 곁에 누가 있는지 확인했습니다. 그러나 주말 내내 머릿속에는 온갖 생각과 걱정으로 내내 잠을 이루지 못했습니다. 월요일 아침 일찍 학교에 도착해 학생이 학교에 오는지 확인한 후에야 안도의 한숨을 쉬었습니다. 학생은 걱정보다 안정된 모습이었습니다. 무슨 일이 있었냐고 묻자, 학생은 그냥 집에 혼자 있다가 욱하는 마음에 문자를 보냈다고 했습니다. 시험성적이 예상보다 낮아서 힘든 마음에 메시지를 보냈다고 했습니다.

학교에서는 학생의 안전을 최우선으로 여깁니다. 그래서 학생들의 어려움과 문제를 해결할 수 있는 위원회와 협의회를 마련해 두고 있습니다. 위의 경우에도 즉시 회의가 열렸습니다. 자리에 모인 선생님들의 얼굴에는 학생을 걱정하는 근심이 떠올랐습니다.

"그 학생은 평가가 시작되면 유독 긴장하는 것 같아요. 평소엔 잘 웃는데 시험을 본 날은 내내 굳은 표정으로 있었어요. 말을 걸어도 아무 대꾸도 안 하니 당황스럽더라고요."

"그러니까요. 저도 좀 의아했던 건 수행평가로 과제를 냈는데 기대보다 점수가 낮았는지 갑자기 저에게 과제를 이렇게 내면 어떻게 하냐고 화내듯이 말해서 좀 놀랐던 적이 있어요. 왜 선생님들한테 저러는지…. 도무지 알 수가 없네요."

"맡은 일을 곧잘 해내길래 지난번엔 다른 친구들과 같이 어떤 일을 해보자고 했는데, 실수를 한 다른 학생한테 심하게 화를 내더라고요. 말려도 계속 화를 내고 멈추지 않아 당황스럽던데요."

"제가 보기엔 그냥 잘한다고 칭찬받고 싶은 맘이 큰 것 같더라고요. 칭찬만 해주면 금세 좋다고 하니까… 일부러 저러는 건가 싶기도 하고 그래요."

학교는 학생의 정서적 위기와 관련된 일들을 지침으로 방법을 정해 학생이 안정되도록 돕고 있습니다. 이미 교육청에는 위기사안이 발생했을 때 대처해야 하는 방법을 안내하는 지침서가 마련되어 있습니다. 하지만 정서적 위기상황은 회의를 거쳐도 해결이 어려운 경우가 많고, 지침을 따르더라도 예상 밖의 상황이 일어나는 경우가 잦습니다. 또 순간순간 학생을 만나는 상황에서 선생님의 경험이 해결방법으로 이어지는 경우도 많습니다. 이 때문에 지침만으로는 학생의 정서를 완벽하게 지원하기 어렵고, 선생님마다 해결 방법이 각각 다를 수 있습니다. 결국 학생을 이해하는 것부터 혼란스럽고 의견을 모으기도 어렵습니다.

　이런 상황에서 학교 안의 코끼리는 무엇일까요? 학교 안의 코끼리는 존재하지 않는 것처럼 보일 수도 있고, 어쩌면 우리가 각기 다르게 보고 있을지 모르는 학생들의 다양한 정서적 위기일지도 모릅니다. 그중에서도 학생의 '자살 시도'와 같은 고위기 상황은 더 많은 긴장을 불러일으킵니다. 학생의 위기수준이 심각해질수록 선생님들의 의견은 다양해지고, 위기를 해결하기 위한 회의가 시작됩니다. 하지만 회의에서 나오는 다양한 의견이 문제해결로 이어지지 않으면, 상황이 계속 변하고 예상치 못한 문제들이 더 커지기도 합니다.

　특히 각자 개인의 경험만을 바탕으로 회의가 진행될 때는, 뾰족한 답을 찾기 어려워지고, 오히려 상황이 더 복잡해질 수 있습니다. 그럴 땐 상황을 바라보는 선생님들의 생각과 의견도 조율하기가 쉽지 않습니다. 우리들의 경험과 노하우가 오히려 부정적인 결과를 초래할 수 있습니다. 물론 문제가 계속 발생하는 상황에서는 자신의 생각과 경험에 많은 부분을 의존하게 되는 것이 자연스러운 일입니다. 그동안 효과적으로 해결되었던 방법들과 해오던 방식이 위기 상황에서 안정감을 주기 때문입니다.

하지만 물을 무서워하는 학생에게 평소처럼 수영을 배워야 한다고 말했을 때, 학생이 긴장된 상황에서는 이를 오해하여 관계가 나빠질 수 있습니다. 마찬가지로 힘든 상황에 처해있는 학생에게서 예상치 못한 반응이나 방어적인 태도를 마주하게 될 수도 있습니다. 그러면 학생과의 대화는 진전되지 않고, 오히려 학생과의 관계를 유지하기 힘듭니다.

때로는 상황이 악화되면서 학생의 자해나 자살 시도 같은 고위기 행동이 반복되기도 하고, 보호자와 갈등을 빚기도 합니다. 상황이 해결되지 않고 위기가 계속될 때 선생님들 역시 긴장합니다. 이럴 때는 학생과의 대화 자체가 부담스러워지거나 무슨 말로 시작해야 할지 몰라 당황스럽게 느껴질 수 있습니다. 학생에게 상처를 줄까 봐 걱정이 되기도 합니다. 반대로, 학생을 안전하게 하려고 과도하게 통제하거나 때로 지나치게 허용적인 태도를 보이기도 합니다. 이럴 때 선생님들과 대화를 해보면 학생들의 반응 때문에 당황스럽고 고민이 된다는 이야기를 자주 듣게 됩니다. 이런 혼란은 학생에게 무엇이 필요한지, 어떻게 학생의 마음을 바라봐야 하는지 알지 못하기 때문에 생겨납니다.

학교에서는 한 학생의 문제가 개인의 안전을 위협할 뿐만 아니라 교실 전체에 영향을 미치는 경우도 있습니다. 커다란 코끼리처럼 우리는 이런 문제들을 크고 중요한 문제라고 생각합니다. 이 문제들이 혼자 해결하기에 버겁기 때문입니다. 학생의 문제가 코끼리 같이 느껴질 때, 우리는 어떻게 이 문제를 효과적으로 바라보고 해결할 수 있을지 고민해야 합니다. 우리가 코끼리의 모습을 알기 어려운 가장 큰 이유는 혹시 자신이 바라보고 있는 코끼리의 일부분이 코끼리의 전부라고 믿고 있기 때문은 아닐까요?

우리가 혼자 감당하기에 크고, 심각하고, 복잡한 문제에 대해 알고 싶을 때 도움이 되는 한 가지 방법은, 위기 상황의 해결을 위해서 상황을 바라보는 다양한 개인의 관점을 고수하기보다는 서로 동의한 한두 가지 관점으로 모아보는 것입니다. 코끼리를 만질 때, 코끼리의 모양, 촉감, 온도 등을 알 수 있지만 이 중에서 우선 모양만을 알기로 의견을 모은다면 더 효과적일 것입니다. 이처럼 학생의 문제를 어떻게 바라보고 이해할지 신중히 고려해야 합니다.

문제가 크고 심각할수록, 각자가 코끼리의 일부만 설명하는 것처럼, 각자의 의견만을 이야기할 뿐, 문제의 전체적인 모양을 파악하는 데에는 혼란을 초래할 수 있습니다. 우리가 개인의 경험에 의존한 설명, 각자 살아온 삶의 경험을 바탕으로 한 문제의 해석을 잠깐 내려놓아야 합니다. 개인의 관점은 문제를 다양하게 바라보는 데에는 도움이 되지만, 각자의 방식대로 제시하는 다양한 문제해결의 방법들이 학생에게는 자칫 일관성 없거나 혼란스러울 수 있습니다.

문제해결에 도움이 되는 관점을 하나로 모을 수 있다면 우리가 '코끼리만 한' 학교의 여러 상황을 해결하는 데 도움이 될 것입니다. 이런 방식은 낯설고 어색할 수 있습니다. 선생님들은 주로 학급에서와 같이 다수의 학생과 한 명 선생님의 관계를 맺고 생활지도를 하는 환경에 익숙하기 때문입니다. 물론 모든 상황에서 위와 같은 과정이 필요하지 않습니다. 하지만 혼자 해결하기 어려운 상황이나, 학생의 문제해결이 목표일 때는 함께 무엇을 할 수 있는지 생각해 보면 도움이 될 것입니다.

학생의 마음을 더 잘 살펴보는 방법도 마찬가지입니다. 그 마음속에는 우리가 잘 알고 있던 부분도 있지만, 평소에는 잘 보이지 않았던 정서적인 부분도 있습니다. 학생의 정서적인 부분을 자세히 살펴봐야 할 때, 다음 장의 '마음돋보기'를 꺼내 학생을 함께 바라보시기를 바랍니다.

지금 우리에게 필요한 마음돋보기

학생을 '마음돋보기로 본다'라는 것은 학생을 이해하는 하나의 중요한 방법입니다. 마음돋보기는 학생의 문제에 영향을 주는 심리적인 측면에 집중하여 학생의 마음을 보다 자세히 들여다보는 과정을 의미합니다. 우리가 학생의 마음에 초점을 맞추어 자세히 바라보고 싶을 때, 마음돋보기를 꺼내 학생을 바라보면 어떨까요? 마음돋보기를 꺼내면 우리는 학교에서 '문제'라고 여기던 학교의 일들을 새롭게 바라볼 수 있습니다.

자세히 보면 예쁜 마음돋보기

돋보기로 물체를 살펴보면 익숙한 물체에서도 새로운 부

분을 발견할 수 있습니다. 돋보기로 비추는 부분은 크고 세밀하게 보이기 때문에 비록 작은 부분이라도 그 안에 담긴 세세한 요소들을 볼 수 있게 됩니다. 보다 보면 무엇이 전체를 채우고 있는지, 그리고 무엇이 빠져 있는지도 잘 보입니다. 돋보기처럼 우리가 학생들의 마음을 자세히 살피고 새롭게 바라보면 그 안에서 우리가 쉽게 지나쳤거나 몰랐던 부분들을 발견하게 됩니다. 학생의 마음에서 빠진 부분을 찾아 채우고, 몰랐던 부분을 좀 더 잘 이해할 수 있을 때, 우리는 학생들이 학교생활을 더 즐겁게 할 수 있는 방법을 찾을 수 있습니다.

사실 모든 사람들은 마음돋보기를 이미 가지고 있습니다. 우리는 일상의 순간순간에 '마음돋보기'를 꺼내서 사용하고 있습니다. 1분도 쉬지 못할 만큼 해야 할 일이 많아 학교에서 정신없이 하루를 보내는 날이 있습니다. 업무와 수업이 반복되는 중간중간 교실에서도 학생들 사이에 계속 어떤 일들이 생기는 날입니다. 이런 날은 출근을 하자마자 자리에 가방을 내려놓을 새도 없이 보호자의 전화가 오고, 학생들은 서로 이야기할 게 있다면서 교무실로 찾아옵니다. 게다가 수업이 많고, 급식지도도 해야 하며, 처리해야 할 업무가 계속 쌓입니다. 그렇게 퇴근 시간을 넘겨 가방을 챙겨 들고 터덜터덜 학교 문을 나섭니다. 그때쯤 친한 친구에게서 전화가 옵니다. 전화를 받으면서 '여보세요' 하고 한마디를 했을 뿐인데, 그 친구는 전화기 너머 내 목소리에 이렇게 말합니다.

"목소리를 들어보니 오늘 바빴나 보네, 무슨 일 있었어?"

이런 친구의 목소리를 들으면 이런저런 얘기를 주고받습니다. 친구는 맞장구를 치기도 하고, 때로는 한달음에 달려와 맛있는 밥을 같이 먹기도 합니다. 신기하게도 친구는 내가 조금 기운을 차리고 기분이 좋아지려면 무엇이 필요한지 잘 알고 있습니다. 그러면 기분이 스르르 풀리고, 오늘 있었던 일들을 얘기하게 됩니다. 그러고 나면 내가 오늘 왜 이렇게 지쳤는지 더 잘 이해하게 됩니다. 대화의 끝에 친구의 응원까지 더해지면 피곤했던 하루였지만 든든한 마음으로 집에 갈 수 있습니다. 이것이 바로 친구가 마음돋보기를 꺼내 나를 바라보고 살핀 순간입니다.

선생님은 학생들이 어떻게 학교에 등교했는지, 친구들과 어떻게 어울리는지, 학교에서 어떻게 지내는지 직접 보고 듣고, 시간을 함께하는 유일한 성인입니다. 학생들과 보내는 시간은 하루 대부분의 시간을 차지합니다. 우리가 학생에게 관심을 가지고 학생들의 학교생활을 살핀다면, 친구가 나의 안부를 살피듯 학생들도 바쁜 학교생활 속에서도 힘을 얻고 든든한 마음을 가질 것입니다. 그런 의미에서 마음돋보기란 학교에서 우리가 바라보는 학생의 모습 속에서 학생의 '진짜 속마음'을 이해하고 알아가는 방법이라고 하겠습니다. 그렇다면 우리는 마음돋보기로 무엇을 들여다봐야 할까요.

먼저, 돋보기로 보고 싶은 부분에 초점을 맞추면 그 부분이 또렷하게 보이는 것처럼, 마음돋보기로 학생의 '진짜 속마음'을 보려고 초점을 맞춰야 합니다. 즉, 우리가 학생과 대화를 나누는 순간이나 학생이 지금 경험하고 있는 감정을 알아차릴 수 있어야 합니다. 감정은 말로 표현되기도 하지만 목소리의 톤, 눈빛, 자세, 표정, 호흡 같은 순간적인 반응이나 행동으로도 드러납니다. 그래서 돋보기로 사물을 관찰하듯, 학생의 마음이 드러난 부분을 집중해서 관찰해야 합니다.

다음으로 우리는 마음돋보기를 꺼내 '진짜 속마음이 하고 싶게 만드는 행동이나 생각은 무엇일까?'하고 생각해야 합니다. 즉 학생의 감정이 크고 복잡할수록 우리는 학생의 행동이나 생각을 학생의 '진짜 속마음'과 연결 지어 바라보거나 이해하기 어려워집니다. 그래서 학생이 왜 저러는지 이해하지 못하고, 때로는 그 행동을 '관심을 받고 싶어서', 혹은 '반항심에 일부러' 문제를 일으킨다고 쉽게 판단해 버리기도 합니다.

하지만 학생의 마음과 그 마음이 학생에 주는 영향을 바라볼 수 있게 되면 '왜 저럴까?'하고 고민하거나, 쉽게 답을 얻으려고 하기보다는 학생을 더 깊이 이해하게 됩니다. 예를 들어 '긴장해서 교실에 들어가기 힘든가 보다.', '화가 나면 자꾸 싸우려고 하는구나!', '실망해서 이젠 수업을 들어도 소용이 없다고 생각하는 걸까?'와 같이 학생의 마음과 행동을 연결 지을 수 있다면 우리는 학생의 마음을 보다 분명하게 이해할 수 있습니다.

마지막으로 마음돌보기로 학생의 '진짜 속마음'이 학생 자신과 학생을 둘러싼 사람들에게 어떤 영향을 주고 있는지 주목해야 합니다. 학교에서 '문제'라고 불리는 많은 일들은 학생뿐만 아니라 그 주위 사람들도 영향을 줍니다. 불안한 마음은 교실에 들어가기를 망설이게 하고, 그 모습을 답답해하는 가족들 사이에 갈등을 일으킵니다. 화가 난 마음은 친구들 간의 싸움과 마찰을 일으킵니다. 슬픈 마음은 학교에 오기 힘들게 만들거나 자리에 계속 엎드려 있게 만듭니다. 그러다 보면 학생은 자책하고 자신에게 실망해 자신과의 관계가 나빠지기도 합니다.

우리가 학생들이 힘들어하거나 갈등을 겪는 것을 바라지

않듯, 자신을 싫어하거나 다른 사람들과 싸우기만 하고 싶어하는 학생도 없습니다. 어쩌면 학생이 학교나 가정에서 지내는 동안의 경험들이 학생에게 영향을 미치고 있는 것은 아닐까요? 똑같이 울거나 화를 내는 상황에서도 각자 다른 이유를 가지고 있는 것처럼 친구들이 많았으면 좋겠다는 학생도, 혼자 있는 학생도 각자의 경험과 기억이 '진짜 속마음'과 연결되어 있다고 생각해 보아야 합니다. 학생과 학생을 둘러싸고 있는 사람들 사이에서 일어나는 다양한 일들은 학생이 지금까지 성장하면서 겪은 다양한 경험들에 의해 영향을 받고 있습니다. 학생들은 각자 경험해 온 삶의 방식에 따라 행동하는 것입니다. 그래서 관계가 복잡할수록, 우리는 엉킨 실타래를 풀어내듯이 마음돋보기를 꺼내 학생의 경험과 현재 행동이 '진짜 속마음'과 어떻게 연결되어 있는지 살펴봐야 합니다.

지금까지 우리가 궁금해했던 학생의 '진짜 속마음'은 무엇일까요? '진짜 속마음'은 학생이 학교에서 느끼는 화, 슬픔, 긴장과 같은 감정들입니다. 마음돋보기를 꺼내서 속마음을 살핀다는 것은, '문제'와 연결된 학생의 감정에 초점을 두고 바라본다는 뜻입니다. 앞으로는 학생의 경험들이 어떻게 '진짜 속마음'인 감정에 영향을 미치는지, 그리고 감정은 어떻게 행동에 영향을 미치는지, 그 감정이 학생의 대인관계에 어떤 변화를 일으키는지 살펴보려 합니다. 즉, 마음 돋보기란 학생이 느끼는 감정을 이해하고 이를 중심으로 학생을 바라보는 과정입니다.

이렇듯 마음돋보기로 학생의 문제를 조금 다르게 보면 '자세히 보아야 예쁘다'라는 말처럼 학생의 행동이 조금은 전과 다르게 보이기 시작합니다. 학생이 나아지지 않고 문제가 계속될 때도 원인을 우리 때문이라고 생각하는 일이 줄어들고 문제에 적절한 거리를 유지할 수 있게 됩니다. 그러면 학교에서 학생의 '이해할 수 없는 행동' 때문에 괴로워하거나, 무엇을 해야 할지 몰라 당황하거나, 갈피를 잡지 못해 우리 스스로를 탓하는 일들도 줄어들게 될 것입니다.

선생님들이 함께 마음돋보기를 사용할 수 있다면 우리는 학생의 마음을 이해하는 공통의 도구와 언어를 갖게 됩니다. 처음에는 번거롭지만, 어색했던 돋보기에 익숙해지고 우리들의 마음에는 자연스럽게 마음돋보기가 자리 잡게 됩니다. 여럿이 함께 마음돋보기를 꺼내 사용하면 혼자일 때보다 문제를 더 풍부하게 이해하고 설명할 수 있습니다. 마음돋보기는 학생의 문제해결에 실마리를 제공하고 그 방향을 명확하게 설정해 줍니다.

마음돌보기가 담긴 마음주머니

우리가 마음돌보기로 문제를 바라보면 더 선명하고 자세히 보입니다. 문제가 학생과 학교에 어떤 영향을 주고 있는지 이해하게 되며, 다양한 사건들과 주고받은 영향들이 마음돌보기를 통해 우리에게 전달됩니다. 마음돌보기를 꺼내기 위해서는 먼저 우리의 마음이 준비되어 있어야 합니다. 만약 마음 속에 마음돌보기를 두는 '마음주머니'가 있다면 이 주머니는 어떤 상태여야 할지 함께 생각해 보고자 합니다.

마음주머니는 먼저 우리 마음의 안정적인 상태를 의미합니다. 우리의 마음이 불안정하고 균형을 잡기 어려운 상태라면 학생뿐만 아니라 다른 누구의 행동도 있는 그대로 바라보기 어렵습니다. 그 순간 우리의 상황에 비추어 그 행동을 해석하기 쉽습니다. 예를 들어 몸이 아프고 열이 나서 힘들 때 누군가와 부딪힌다면, 우리는 쉽게 불쾌해지고 상대를 탓하게 됩니다. 학생과의 관계도 마찬가지입니다. 우리가 안정된 상태가 아니라면, 학생을 바라보기 전에 자신의 마음을 먼저 다독이고 돌볼 필요가 있습니다.

마음주머니는 또한 호기심 어린 마음을 의미합니다. 호기심은 학생의 문제를 새롭게 바라보는 데 도움이 됩니다. 마치 처음 보는 대상을 바라보듯이 호기심을 가지고 학생을 바라보면, 학생이 경험한 것들과 그 경험들이 어떻게 영향을 주었는지 선입견 없이 생각할 수 있습니다. 학생과 관련된 정보들을 바탕으로, 문제에 영향을 주었을 법한 일들을 묶어 추측할 수 있고, 그 과정에서 학생의 새로운 모습과 강점도 발견할 수 있습니다.

마음주머니가 의미하는 마지막 마음은 학생을 향한 다정한 연민입니다. 이는 학생을 약자로 여기거나 불쌍한 존재로 여기는 것이 아니라, 학생이 학교에서 우리와 함께 잘 지내고 싶어 한다는 믿음을 바탕으로 기꺼이 학생을 돕겠다는 든든하고 따뜻한 마음을 의미합니다. 또한 학생이 학교에서 힘들어하고, 피하고, 걱정하고, 불안해하는 상황에서 문제를 해결하고자 할 때 끝까지 학생과 함께 하겠다는 의지입니다.

학생의 입장에서 자신을 든든하게 지지해 주는 선생님은 안전한 버팀목과 같습니다. 학생은 아직 성장 과정 중에 있기 때문에 실패와 시행착오를 겪기 마련입니다. 이때 선생님의 연민은 학생이 새로운 시도를 하거나, 해오던 행동을 바꿔나가는 계기가 됩니다. 선생님의 다정하고 따뜻한 말 한마디는 문제를 해결하고 싶어하는 학생에게 문제를 해결할 용기를 주거나 포기하지 않게 만드는 중요한 이유가 되기도 합니다. 반면, 선생님의 말 한마디는 학생 스스로 한계를 설정하고, 도전을 멈추게 만들 수도 있습니다.

　다정한 마음은 우리에게도 도움이 됩니다. 다정한 마음을 가지고 학생과 함께 첫걸음을 내딛는다면, 비록 학생이 실패하고 시행착오를 겪더라도 우리는 기다릴 수 있습니다. 학생이 주저할 때 함께 나아가며 학생의 곁을 지킬 수 있습니다. 연민은 학생에게는 도전할 힘을, 선생님에게는 지치지 않고 학생을 바라볼 힘을 줍니다.

마음돋보기 사용해 보기

   우리가 마음돋보기를 꺼내 학생을 바라보기 시작했다면, 이제 우리는 학생의 마음을 향한 여정에 첫걸음을 떼었습니다. 앞서 설명한 '코끼리'만큼 큰 문제는 때로 학생조차 무엇이 문제인지 그 문제가 얼마나 심각한지 알지 못할 수 있습니다. 이럴 때 우리는 돋보기를 든 탐정처럼 사건의 전체적인 모습을 파악해야 합니다. 학생의 문제가 어떻게 진행되고 있는지 전체적인 그림을 그려 나가야 합니다. 문제에 대한 전체적인 그림을 그릴 수 있다면, 우리는 학생과 같은 방향에서 학생의 문제를 바라볼 수 있습니다. 이제 학생의 문제를 바라보는 마음돋보기를 어떻게 활용하면 좋은지 알아보겠습니다.

유미 이야기

유미는 중학교 3학년 여학생입니다. 중학교 1, 2학년 때까지는 상담을 요청한 적이 없기 때문에 유미를 따로 만난 적은 없었습니다. 중학교 3학년이 된 후 10월에 유미는 긴장이 돼서 교실에 들어갈 수 없었습니다. 교실 문 앞에 서면 심장이 뛰고 땀이 나서 잠깐 서 있다가 집으로 돌아가는 날이 늘어났습니다. 담임선생님의 요청으로 유미를 처음 만났을 때 유미는 이미 땀을 흠뻑 흘리고 난 후였습니다. 유미에게 물 한 잔을 건넸습니다.

"아이고, 땀이 많이 났네. 잠깐 앉아서 땀부터 좀 말리자."

유미는 무표정한 얼굴로 고개만 살짝 끄덕이고는 의자에 앉았습니다. 멍하니 있다가 물을 한 모금 마신 유미 앞으로 다가가, 숨을 고르며 대화를 시작할 준비를 했습니다.

유미: "… 저 졸업할 수 있을까요?"
선생님: "졸업하고 싶은데 못할까 봐 걱정되니?"
유미: "네, 교실 못 들어가면 졸업 못하잖아요."

선생님: "걱정도 되고 졸업도 하고 싶다는 너의 강력한 마음
　　　　도 느껴진다. (웃음) 졸업을 하고 싶은 이유가 있어?"
유미: "네, 고등학교에 가고 싶어요."
선생님: "졸업을 하면 가고 싶은 고등학교에 갈 수 있게 되는
　　　　구나."
유미: "네, 성적도 고민이긴 한데… 출석일수를 못 채우면 다
　　　　소용없잖아요…."

　유미가 교실에 들어가기 힘들어진 시기는 여름방학이 끝
나고 한 달 정도 지난 9월부터라고 합니다. 그즈음 아버지
가 아프서서 부모님이 방학 동안 집을 비우셨고, 그 직후부
터 유미는 걱정이 되고 무서워서 밤마다 많이 울었다고 했
습니다. 늦게까지 울다 잠들기가 반복되면서 생활 리듬이
완전히 깨졌습니다. 그때부터 학교에 가기가 힘들어졌다고
합니다. 유미는 학교에 아프다고 말하고 결석과 조퇴를 반
복했습니다. 밤에는 혼자 있기가 싫어서 친구를 불러 함께
있기도 했습니다. 아주 빠르게 일상이 변하고 있었습니다.
　부모님이 돌아오셨지만, 유미는 이전처럼 지낼 수 없었
습니다. 교실에서는 친구들이 자신을 이상하게 바라보는
것 같은 느낌이 들었고, 그럴 때마다 바로 조퇴하고 귀가했
습니다. 혼자 있는 시간이 점점 더 편해지고, 학교에 가는

건 점점 더 힘들어졌습니다. 그때부터 담임선생님의 말에 서운한 마음도 들기 시작했습니다.

"유미야, 오늘은 교실에 들어갈 수 있겠어?"

이 말이 얼마나 듣기 힘든지! 유미는 이 말이 마치 '왜 못 들어가, 그렇게 힘든 것도 아닌데, 빨리 알아서 들어가.'라는 것처럼 들리기도 했고, '이해가 안 되네. 도대체 왜 못 들어가니?'하고 질책하듯이 들린다고도 했습니다. 친구들과도 멀어지고 담임선생님과 대화도 피하며, 교실에도 들어가지 못한 유미는 상담실로 와서 자신이 뭔가 이상하다고 말했습니다. 전에는 이러지 않았는데 이유 없이 울음이 나오고 멈추기가 힘들다고 했습니다. 학교에 나오기는 하지만 집에서 짜증이 늘었고, 아버지와 심하게 갈등하는 일이 일주일이면 몇 번씩 반복된다고 합니다.

이때 마음돌보기를 통해 유미의 '진짜 속마음'을 이해하려고 하면 우리는 유미의 어떤 마음을 발견할 수 있을까요? 마음돌보기로 유미를 바라보면 단순히 교실에 들어가지 못하는 행동만을 문제로 보지 않게 됩니다. 대신 유미의 행동 속에 있는 보호자의 부재로 인한 불안감과 고등학교 입학을 앞둔 두려움을 발견하게 됩니다. 우리가 유미의 불안과 두려움, 외로움을 알아차리지 못했다면 유미는 학교에서도 집에서도 계속 어려움을 반복했을지도 모릅니다.

집에서나 학교에서 자신을 걱정하고 챙겨주는 사람이 없다고 느꼈던 유미가 유일하게 바라는 것은 고등학교 진학이었습니다. 유미는 자신이 원하는 고등학교에 가면 열심히 학교생활을 할 자신이 있다고 말했습니다. 원하는 바가 분명해지자, 유미와 맨 처음 한 일은 긴장된 기분과 신체적 반응을 진정시키는 방법을 찾는 것이었습니다. 심호흡도 하고, 주변의 사물을 인식하기도 하고, 힘들 때 도움을 요청할 방법들도 찾아보았습니다. 그러면서 유미와 교실에 들어갈 날짜를 정했습니다.

선생님: "내일이네. 내일은 쉽지 않을 거야."
유미: "잘 될 거라고 말씀해 주셔야 하는 거 아니에요?" (웃음)
선생님: "선생님이 확실히 아는 건 내일은 쉽지 않다는 거야, 그리고 너도 열심히 준비했지만, 상담했던 다른 학생들도 모두 첫날이 가장 힘들었다고 했거든. 내일이 지나면 하루하루 조금씩 더 편안해질 거야."

다음날 유미는 교실에 들어가 세 시간을 보낸 후, 상담실

로 왔습니다. 들어가는 순간은 생각보다 괜찮았는데, 시간이
지날수록 앉아 있는 것이 점점 더 힘들어졌다고 했습니다.

선생님: "유미야, 대단하다. 선생님은 아주 네가 대견하다.
사실 선생님도 조금 긴장도 하고 걱정했거든."
유미: "처음엔 괜찮았는데, 시간이 지날수록 힘들어서 세 시
간 만에 나왔어요."
선생님: "약간 아쉬움이 느껴지네? 하지만 선생님이 오늘이
제일 힘들다고 했었잖아. 그런데도 세 시간이나 있
었어. 정말 잘했어."
유미: "내일은 좀 더 오래 있을 수 있을 것 같아요."
선생님: "좋아. 그리고 기대대로 안 돼도 괜찮아. 우리는 오
늘 가능성을 확인했으니까."

짧은 상담을 마친 후 바로 집에 갔지만, 그날은 유미도,
부모님도, 담임선생님도 유미의 변화를 축하할 수 있었습
니다. 그다음 날, 또 그다음 날, 유미는 점점 더 교실에 있는
시간이 늘어났습니다. 그렇게 하루하루가 쌓여 2학기가 지
나고 유미는 원하는 고등학교에 진학하게 되었습니다.

출발선과 정상 바라보기

만약 우리 반에 유미가 있다고 가정해 보겠습니다. 그리고 우리가 마음주머니에서 마음돋보기를 꺼내 유미의 진짜 속마음이 무엇이었는지 떠올려봅니다. 이제 유미가 다시 학교생활을 할 수 있도록 돕기 위해서는 먼저 유미의 진짜 속마음을 확인하고, 변화를 위한 출발선을 정하는 것이 좋습니다. 이를 위해 앞에서 설명한 것처럼 학생의 마음을 바라보면서 먼저 다음과 같이 질문해 볼 수 있습니다.

○ 어떤 일이 있었을까?
○ 학생의 문제(감정이나 생각)가 하루를 보내는 데 어떤 영향을 주고 있을까?
○ 어떤 경험을 하면서 성장했을까?
○ 학생이 주로 느끼는 감정과 감정에 대처하는 방법은 무엇인가?
○ 학생의 문제에 양육자(보호자)는 어떻게 반응했을까?
○ 성장하는 동안의 경험들은 학생에게 어떤 영향을 주었을까?

위의 질문들은 학생과 함께 천천히 대화를 하면서 확인해도 좋습니다. 대화할 때는 이러한 질문을 그대로 사용해도 되지만, 학생에게 더 적절한 질문으로 바꾸어서 다양하게 질문을 할 수 있으면 더 좋습니다. 또한 다음과 같은 주제들을 떠올리면 문제에 대해 더 다양한 정보를 얻을 수 있습니다. 예를 들어, 기질적인 특성, 보호자와 학생과의 관계, 학교에 다니면서 경험한 좋거나 나쁜 일들, 친구 관계, 가족 안에서 일어난 큰 사건이나 변화들이 포함됩니다. 이러한 정보들을 바탕으로 요즘 학교에서 학생이 느끼고 생활하는 장면에 대한 전체적인 모습을 그릴 수 있다면 우리는 학생과 출발선에 설 수 있습니다.

"3학년 2학기가 되니까 친구들이 다 고등학교 진학 때문에 공부를 시작했어요. 친구들이 그렇게 열심히 하니까 점점 같이 놀고 얘기할 시간이 줄어들더라고요. 그러다가 아빠가 병원 가신다는 이야기를 갑자기 듣게 됐어요. 뭔가… 혼자 남은 것 같더라고요. 그런데 친구들은 공부를 해야 하니까… 학교에 가도 힘들다고 말하기가 좀 그런 거예요. 부모님이 안 계시는 열흘 동안 거의 SNS로 채팅을 하면서 지낸 것 같아요. 거기 있는 애들은 제 얘기도 잘 들어주고 힘들다고 하면 몇 시간씩 전화도 할 수 있었어요. 부모님이 돌아오셨지만 힘들어 보이셔서 제가 힘들었다고 얘기할 수가 없더라고요…. (눈물) 조금 지나니까, 마치 제가 문제가 있는 애 같잖아요. 그렇게 생각하니 교실에 들어가면 친구들 눈치가 보이고, 저를 보면서 뭐라고 하는 것 같고…. 그러다 어느 날 갑자기 땀이 나고 심장도 막 뛰기 시작했어요."

유미의 진짜 속마음을 생각하니 마음이 아프고 속상한 마음이 가득 차기 시작했습니다. 유미한테 '괜찮다. 잘 될 거다.'하고 말하고 싶다는 충동이 턱 끝까지 밀려오는 것 같았습니다. 또다시 마음돋보기를 꺼내 보았습니다. 괜찮다는 말은 사실 유미에게 잠깐의 위로가 될지는 몰라도, 유미와 함께 문제를 해결하고 싶다면 유미의 진짜 속마음을 살피고 바라보는 게 더 중요했기 때문입니다. 그래서 유미와 이야기하는 동안 유미의 외로움과 불안, 걱정, 슬픔이 느껴졌다고 말했습니다.

선생님: "이제 마지막 2학기라서 너도 긴장했을 텐데, 아버지도 아프다고 하시고 친구들도 바빠 보이니 혼자 꾹 꾹 참기만 했을 것 같아. 선생님도 듣고 나니 네가 얼마나 속으로 긴장하고 불안했을까 하는 생각이 들어서 속상하구나. 불안하고 걱정하는 마음이 쌓이다 보니까 교실 앞에 서면 더 떨리지 않았을까 하는데

네 생각은 어때?"

유미: "네, 그랬던 것 같아요."

그렇습니다. 마음돌보기로 바라본 유미는 긴장과 부담감을 잘 표현하지 못하고 '혼자'라는 생각을 반복하고 있었을 것입니다. 부모님이 계시지 않는 동안 SNS를 하면서 시간을 쓰고 있었지만, 정작 학교의 친구들에게는 자신의 힘든 마음을 말할 수 없었습니다. 치료를 마치고 돌아온 부모님에게도 미안한 마음에 자신이 어떤 상황인지 알리지 못했습니다. 그렇게 부담과 긴장이 쌓여, 결국 교실이라는 공간이 버거워져 몸에도 영향을 미쳤던 것입니다. 이제 우리는 학생과 함께 출발선에 서 있습니다.

출발선에 선 후, 우리는 학생이 원하는 문제해결의 방식이나, 문제해결 상황에 대해 확인해야 합니다. 이때는 문제가 해결되고 난 후의 상황이나, 바라는 일들이 이루어진 상황을 떠올려보는 것이 중요합니다. 그러면 학생의 문제가 해결되고 난 후의 학생 모습이나 상황을 구체적으로 그릴 수 있습니다. 이것이 바로 우리가 학생과 함께 목표로 도달할 정상입니다.

우리가 함께 목표를 설정했다면 학생의 변화를 위해 어떤 과정이 필요한지 계획할 수 있습니다. 학교에서 우리가 문제라고 생각하는 학생의 행동은, 사실 학생 자신이 원하는 목표를 달성하기 위한 비효과적인 문제해결 방식일 수 있기 때문입니다.

선생님: "고등학교에 가고 싶다고 했잖아. 고등학교에 가면 너는 어떻게 지내고 있게 될까? 만약에 선생님이 그 고등학교에 우연히 들러서 너를 보게 된다면 어떤 장면을 보게 될까?"

유미: "글쎄요. 친구들하고 진짜 친하게 지내고 제가 하고 싶은 걸 하는 거요?"

선생님: "지금 교실에 같이 있는 친구들이랑도 친하게 지내는 건 다시 해볼 수 있을 것 같은데…."

유미: "걔네들은 제가 힘들어하는 걸 봐서 이미지 회복이 안 돼요. 이미 끝났어요."

선생님: "학교 친구들하고는 다시 친해지기 힘들 것 같다고 생각하는구나."

유미: "네, 그래서 SNS를 자꾸 하게 돼요. 아. 고등학교 가려면 공부할 시간도 있어야 하는데…."

선생님: "그러게, 선생님 생각에도 고등학교에 가려면 SNS 하는 시간을 좀 줄일 필요가 있을 것 같아."

유미: "근데 애들이요… 전에 제 얘기 들려줬으니까 저도 그

만큼 애들한테 해 줘야 하거든요. 얘네마저 없으면 견

딜 수가 없어요."

선생님: "그러니까 시간만 조금 줄이는 건 어때?"

유미: "음… 애들이 서운하다고 할 것 같아요. 그럼 전 이제

또 혼자잖아요."

유미는 친구들과 갈등 없이 잘 지내고자 하는 마음에 친구들과 지나치게 많은 시간을 보내고, 내키지 않아도 계속 친구들의 요청을 들어주고 있었습니다. 유미의 목표는 친구들과 사이좋게 지내는 것이지만, 현재 하는 행동이 목표를 달성하는 가장 효과적인 방법은 아니었습니다. 유미는 SNS 친구들에게 시간을 뺏기면서 정작 공부를 하거나, 가족과 시간을 보내거나, 실제 친구들과 만나는 시간을 포기하고 있었습니다. 유미가 SNS에서 친구들의 요청이나 이야기를 조절하지 않고 모두 들어주면, 당장은 친구들과의 관계를 유지하는 데 도움이 된다고 생각할 수 있지만, 장기적으로는 오히려 상황을 악화시킬 수 있습니다. 실제로 유미는 생활 속에서 할 수 있는 일이 점점 줄어들고, 그로 인해 가족 또는 친구들 사이의 갈등도 심해졌습니다. 학교생활도 마찬가지여서 자신이 하고 싶은 일을 포기하게 되고 친구, 선생님들에게 서운함을 느끼는 일이 많아졌습니다.

우리가 다음과 같은 질문들로 학생이 바라는 모습에 대한 단서를 얻을 수 있다면, 학생의 문제를 함께 해 나가는 데 더 큰 동기와 도움을 얻을 수 있습니다. 또한 목표에 도달하는 과정에서 '정상'이 어디인지 기억하고 혼란스럽거나 헤매지 않고 계속 나아갈 수 있습니다.

- ○ 학생이 바라는 것은 무엇일까?
- ○ 무엇을 해결하고 싶어 할까?
- ○ 문제가 해결되면 상황이 어떻게 달라질까?

이 질문을 했을 때 '상관없다.', '다 망했으면 좋겠다.'라는 식으로 말하는 학생은 거의 없습니다. 학생들은 대부분 '친구들과 잘 지내고 싶다.', '예전으로 돌아가 평범한 학교생활을 하고 싶다.', '활기차게 생활하고 싶다.'라고 합니다. 이런 대답이 돌아오지 않더라도, 학생들은 지금 하는 행동이 다른 행동으로 바뀌어야 한다고 대답하는 경우가 많습니다. 예를 들어 지각을 안 하는 것, 싸우지 않는 것 등이 이에 해당하는 대답입니다. 이런 대답들 속에 학생들이 무엇을 바라는지에 대한 단서를 발견할 수 있습니다. 또한 여기에는 우리의 포기하지 않는 마음과도 연결되어 있습니다.

"예전에는 친구하고도 잘 지내고 학교에서 공부도 꽤 했거든요. 고등학교에 가면 다 새롭게 시작할 수 있을 것 같아요. 다시 친구도 사귀고 공부도 하고… 고등학교만 가면 다시 시작할 것 같은데…."

마음은 언제나 오르락내리락[1]

　다이어트를 해본 적이 있다면 우리의 마음이 하루에도 얼마나 많이 오르락내리락하는지 잘 알 겁니다. 사실 동기나 의지와 같은 단어들은 감정의 또 다른 모습이기 때문에 하루에도 몇 번씩 변하곤 합니다. 예를 들어 '할 마음이 없어졌다.', '의지가 꺾였다'와 같은 표현을 살펴보면 '걱정이 사라졌다.', '화가 한풀 꺾였다.'와 같이 우리의 마음이 계속 변화하고 있음을 보여줍니다. 우리가 목표를 향해 변화의 첫걸음을 내디뎠다 해도, 중간중간 무엇이 어떻게 변하고 있는지 확인하고, 그 변화를 방해하는 요소들을 해결했을 때 목표에 꾸준히 다가갈 수 있습니다.

---

1)　이 글은 Chales R. Wswenson의 '살아있는 DBT'(남지혜, 남지은 옮김)를 참고하여 학교현장에 맞게 각색하였습니다.

중간 이정표 세우기

우리는 학생의 진짜 속마음을 바라보고 함께 달성해야 할 목표와 출발선을 알게 되었습니다. 이렇게 되기까지는 세 가지 과정이 필요했습니다. 먼저 우리는 학생의 지난 시간과 경험을 다정하고 호기심 어린 마음으로 바라보았습니다. 그다음, 그 경험들이 학생에게 어떤 영향을 주었는지 헤아려 문제의 전체적인 그림을 그렸고, 출발선에 서게 되었습니다. 마지막으로, 학생의 문제가 해결된 후의 바람을 확인해 정상을 설정했습니다. 이제는 학생이 바라는 모습을 실현하기 위해 함께 변화를 시작해야 합니다. 하지만 때로는 출발선과 목표 사이의 차이가 커서 목표까지 한 번에 도달하기 어려울 수도 있습니다. 그렇다면 목표를 달성하기 위해서 우리는 어떤 과정을 거쳐야 할까요? 학생의 출발선이 어디인가에 따라 우리는 바로 정상으로 갈 수도 있고, 중간중간 중간 목표를 거쳐 최종목표로 가야 할 수도 있습니다. 그럴 때는 학생의 출발선과 목표 사이에 중간 이정표를 세워 우리가 가고 있는 방향을 확인해야 합니다.

우리는 안전과 관련된 문제들을 가장 기본적으로 고려해야 합니다. 학생의 문제가 자신이나 다른 사람의 생명과 직결되어 있다면, 이 문제의 해결을 가장 최우선으로 삼아야 합니다. 학생들은 대개 고통스러운 감정과 이 감정을 해결하기 위해 비효과적인 행동을 하게 되는데 자해, 흡연, 음주, 약물남용 등이 그 대표적인 예입니다. 학생들의 이런 행동은 적절한 개입 없이 혼자 조절하기 어려워질 때 충동적인 행동으로 이어질 가능성이 큽니다. 이러한 행동들은 고통스러운 감정을 미뤄두고 주의를 돌리는 데 효과적일 수 있지만, 근본적인 원인을 해결할 수 없고 문제를 더 악화시키며, 결국 학생 자신이나 타인을 위험하게 만듭니다.

그다음 중간 목표는 지속적으로 학생들의 일상에 지장을 주는 감정이나 학교생활에서 비롯된 고통스러운 감정을 조절해 나가는 일이 해당합니다. 예를 들어, 고등학교 입학을 앞둔 학생이 새로운 친구를 만날 때 느끼는 걱정과 불안은 중학교에 다니는 동안 친한 친구를 만들지 못했거나 친구 관계에서 소외된 경험에서 비롯될 수 있습니다. 중학교 때와 같은 상황이 반복될까 봐 불안해하게 되면 실제로 친구를 사귀는 과정이 어려워질 수 있습니다. 과거의 경험들에서 비롯된 감정들이 현재의 학교생활에도 영향을 미치고 있는 것입니다. 또 성적이나 평가가 계속 기대에 미치지 못했던 경험이 학생을 우울하고 불안하게 만들어 학교생활 내내 영향을 미치는 경우도 있습니다. 이럴 때 우리는 일상에서 지속되는 불편한 감정의 강도를 조절하거나 줄이는 방법을 알려주고, 지속적으로 실천할 수 있도록 돕는 것이 중요합니다.

이처럼 중간 목표를 정하고 하나하나 달성해 나가다 보면 어느덧 우리는 학생과 함께 정상에 도착해 있을지도 모릅니다. 유미와는 어떤 목표를 세웠을까요? 유미와 세운 첫 번째 목표는 '교실에서 느끼는 긴장을 줄이기'였습니다. 유미와 함께 결정한 최종목표는 '졸업하고 고등학교에 진학하기'였지만, 이 목표를 달성하기 위해서는 먼저 유미가 긴장을 줄이고 교실에 들어갈 수 있어야 했습니다.

유미가 어느 정도 긴장을 줄일 수 있게 된 후 우리는 SNS에서의 대화나 교실의 친구들과의 부탁과 거절을 포함한 일상 대화들을 연습해 나갔습니다. 한편으로는 유미의 부모님에게 유미의 상황을 설명하고, 유미의 변화를 이해할 수 있도록 도왔습니다. 유미는 여전히 부모님께 자신의 어려움을 이야기하기 힘들어했지만, 이전처럼 심하게 갈등하거나 혼자 방에만 있는 시간을 줄어들었습니다.

방해물 지나가기

유미가 상담실보다 교실에 있는 시간이 더 많아져 뿌듯했던 어느 날, 유미가 1교시가 시작되기도 전에 상담실 문을 벌컥 열고 들어왔습니다.

> 유미: "애들이 다 있는 데서 담임선생님이 갑자기 제 이름을 부르더니 '오늘은 괜찮아?'라고 하시잖아요···. 애들이 다 쳐다봤어요."
>
> 선생님: "그랬구나. 그게 어떤 말처럼 들렸어?"
>
> 유미: "저보고 아픈 애라고 한 거잖아요. 애들도 다 쳐다보고···."
>
> 선생님: "그러게, 그런 생각이 들었다면 정말 당황했을 것 같네."
>
> 유미: "애들이 알까요? 아···."
>
> 선생님: "선생님이 교실에 있진 않았지만, 그냥 안부를 묻는 것 같이 들렸을 수도 있을 것 같은데, 네 생각은 어때?"

유미를 만나면서 가장 어려운 순간이 언제일까 생각해 보면, 유미가 담임선생님이나 교실 친구들의 말이나 행동을 사실과 다르게 오해했던 순간이었습니다. 유미의 불안과 걱정이 선생님이나 학생들의 행동을 더 부정적으로 해석하게 만들 때면, 유미는 금세 졸업을 못할 것 같다면서 실망하곤 했습니다. 유미가 친구들의 시선을 지나치게 신경 쓰고 의식하는 것도 당연한 반응이었습니다. 그럴 때마다 유미에게 유미가 하는 생각보다 더 많은 다른 생각들을 말해주었습니다. 상황에 대한 다양한 해석을 통해 자신의 생각이 정말 맞는지 다른 해석은 없는지 살필 수 있도록 했습니다. 우리는 이것을 '돌멩이'라고 부르기 시작했습니다. 돌멩이에 걸려서 잠깐 주춤하듯이 '사실을 확인할 수 없는 걱정들 때문에 긴장하는 순간'을 의미하는 단어였습니다.

> 유미: "선생님, 오늘 교실에서 또 돌멩이 걸려서 넘어질 뻔했잖아요."
>
> 선생님: "오늘의 돌멩이로군. (웃음) 그래서?"
>
> 유미: "에이, 그냥 차버렸죠. 애들도 신경 안 쓰는 거 같더라고요."
>
> 선생님: "오! 대단한데? 잘했다 정말."

유미가 자신의 생각 때문에 자기의 불안을 더 크게 만들어 교실에 있기 어렵게 만드는 상황을 돌멩이라고 부르며 해결해 가는 과정은, 목표로 향해 가는 과정에서 해결해야 할 방해물을 넘는 것과 같았습니다. 이처럼 우리는 망설임, 실패, 포기와 같이 학생이 정상에 도착하는 과정을 막는 방해물을 인식하고, 그 방해물을 어떻게 넘어갈지 고민해야 합니다. 방해물은 유미처럼 자신의 생각이나 행동일 수도 있고, 예상치 못한 사건이나 주변 사람들이 반응일 수도 있습니다.

우리는 학생이 출발선에서 시작해 별다른 어려움 없이 첫 번째, 두 번째, 세 번째 목표를 거쳐 정상에 이르기를 원합니다. 어떤 학생은 순탄하게 모든 과정을 이루어내고 정상에 도착하기도 하지만, 대부분의 학생들은 성공과 실패를 반복하는 시행착오를 겪어야만 정상에 도착합니다.

만약 방해물이 교실에서 다른 사람들의 안전을 위협하게 하거나 학생 자신의 안전을 보장할 수 없는 상황이라면 우리는 보다 적극적으로 개입해야 합니다. 예를 들어 학생이 교실에서 다른 학생을 때리고, 소리를 지르는 행동을 한다면 이 학생의 목표는 무엇보다 자신의 충동을 조절하는 방법을 배우는 것이겠지만, 그 전에 교실이 안전할 수 있도록 규칙을 명확하게 알려주고 행동의 결과를 반복적으로 알려주는 것도 중요합니다.

험난하기도 한 모든 과정을 성공적으로 넘기 위해서는 무엇보다 학생과 한 팀이 되는 것이 중요합니다. 학생들이 목표에 대해 "상관없다."라고 하거나 시작을 주저하는 경우도 있을 수 있습니다. 이럴 때는 학생이 아무것도 하고 싶어 하지 않는다고 생각하기 쉽지만, 이때가 학생의 진짜 마음을 바라보아야 하는 때라는 사실을 꼭 기억하기 바랍니다.

이때 마음돋보기를 꺼내 학생의 진짜 속마음을 바라본다면 우리는 무엇을 발견할 수 있을까요? 학생을 있는 그대로 바라본다면, 학생도 자신이 원하는 바람이나 변화를 이야기하기 시작할 것입니다. 그러니 학생이 변화의 첫걸음을 내디디길 바라는 순간마다, 마음돋보기를 꺼내 학생을 바라보면 어떨까요.

2장.

성격이 아니라
기분 때문입니다

감정조절의 시작을
함께해야 하는 이유

태어날 때부터 감정을 스스로 조절하는 사람은 없습니다. 아기는 그저 편안함과 불편함 사이에서 울음을 터뜨리는 것이 감정표현의 첫 시작입니다. 아기의 보호자는 울고 있는 아기의 감정을 조절해 주며, 다시 편안한 상태가 되도록 돌봅니다. 이때 보호자는 마치 '마음돋보기'를 사용하듯이, 아기가 무엇 때문에 불편한지 이곳저곳을 살피며 원인을 찾습니다. 아기의 울음소리, 표정, 상황을 세심하게 관찰하고 아기를 불편하게 만드는 상황을 바꾸어보기도 합니다. 무엇보다 중요한 것은, 보호자가 아기를 돌보는 동안 자신의 감정이나 상태를 조절하는 과정도 필요하다는 점입니다.

우리가 학생의 감정조절을 돕는 과정도 이와 같습니다.

감정이 어떻게 작동하는지 알고 있다면, 학생이 스스로 감정을 인식하고 효과적으로 조절할 수 있도록 다양한 방법으로 도울 수 있습니다.

감정조절이 어려운 이유

종종 학생들 이름이 헷갈릴 때가 있습니다. 이미지가 비슷하거나 이름이 비슷한 학생도 있고 갑자기 이름이 떠오르지 않을 때도 있습니다. 언젠가 한 선생님이 학생들 이름 외우는 게 일이라며 한숨을 쉬셨습니다. 아침에 '지은이'를 부른다는 게 '지연이'라고 불렀다고 합니다. 평소 같으면 서로 웃고 넘어갈 일인데 유독 지은이는 표정이 굳더니 그대로 가버렸다고 합니다. 학생들과 지내다 보면 이런 일들이 가끔 생기는데, 학생들의 반응은 다 각각 다릅니다. 어떤 학생은 그냥 넘어가기도 하고, 나중에는 이름을 제대로 기억하는지 한 번 더 확인하는 학생도 있습니다. 어떤 학생은 선생님이 자신의 이름을 바꿨다고 하면서 장난을 치기도 합니다. 학생들과 지내는 선생님들만이 경험하는 소소한 학교의 에피소드입니다.

하지만 같은 상황이라도 해결이 어려운 경우도 있습니다. 기분이 나빠지거나 예민해진 학생이 있을 때, 선생님들은 학생의 이름을 기억하는 데 더 신경을 쓰고 기억하려고 노력하게 됩니다. 표정이 굳는 것을 본 후로는 더 신경을 쓰고 학생 이름을 부릅니다.

같은 자극에도 학생마다 각각 다르게 반응하는 이유가 궁금합니다. '왜 그럴까?' 궁금해지는 선생님의 마음에 마음돋보기의 관점으로 답을 해본다면 학생들의 각기 다른 반응은 기질 그리고 각자의 양육 환경에서 얻은 경험에서 비롯된다고 할 수 있습니다.

우리가 처음으로 감정을 표현하는 방식은 편안함과 불편함을 나타내는 웃음과 울음에서 시작됩니다. 아기의 울음은 무언가 불편하다는 신호입니다. 편안함과 불편함은 아기마다 다를 수 있습니다. 아기의 주관적인 경험에 따라 자극에 더 예민하거나 덜 예민하게 반응하는 차이가 있을 수 있습니다. 보호자가 아기를 살피고 달래면 그제야 울음을 그치고 진정합니다. 아기는 아직 자신의 감정을 정확하게 알지 못하기 때문에 아기의 감정조절은 전적으로 보호자의 몫이 됩니다.

보호자가 기저귀를 갈아주고, 놀란 것을 알아주며, 울음을 달래는 과정을 통해 아기는 상황이 조금 불편하더라도 곧 보호자가 와서 자신을 안정시켜 줄 것이라는 믿음을 갖게 됩니다. 이는 타인에 대한 안전감을 처음으로 경험하는 순간입니다. 반대로, 보호자가 아기를 더 위험하게 만들기도 합니다. 보호자와 있을 때 상황이 더 무섭거나 예상하지 못한 일들이 일어난다면, 아기는 누군가 다가오는 소리만 들어도 놀라 울음을 터뜨릴 수 있습니다. 스스로 진정이 어려운 상황에서, 타인에게서도 안정을 찾을 수도 없게 됩니다.

시간이 흐르면서 아기가 성장해 학생이 되면, 보호자뿐만 아니라 친구들, 다른 성인들과도 영향을 주고받습니다. 학교에서 만나는 선생님이나 또래 학생들도 서로의 감정조절에 영향을 미칩니다. 학교에서의 경험이 안정적이었다면 학생들은 학교 안에서 감정을 인식하고 감정을 조절하는 다양한 방법들을 배우게 됩니다. 성인이 되고 나면 감정조절의 방법은 다양해져서 스스로 감정을 조절하기도 하고, 다른 사람과 함께 감정을 조절하는 방법도 터득하게 됩니다.

하지만 어떤 학생이 학교에서 지내는 동안 학생을 둘러싼 사람들과 불안정한 경험을 했다면 어떨까요? 여기에 양육자의 돌봄이 불안정하고 양육자 스스로도 감정조절을 하는데 어려움이 있었다면, 학생도 자신의 감정을 인식하고 조절하는 데 어려움을 겪을 가능성이 큽니다. 때로는 감정 자체를 느끼기 힘들고 어려워할 수도 있습니다. 마치 시력이 나쁘면 물체가 흐릿하게 보이듯이 이 학생들에게 감정이란 또렷하게 느껴지지 않고 주의를 기울여야 겨우 인식하는 것이 될 수 있습니다.

뿐만 아니라, 감정이 격한 상태에서는 누구나 감정을 다루기가 어렵습니다. 또한 격한 감정 상태에서는 그 감정에 따른 충동 때문에 자신의 생각이나 행동을 통제하기 어렵습니다. 상황에 따라서 감정은 다른 강도로 느껴지고 사람마다 그 강도는 모두 다를 수 있습니다.[1]

감정은 아예 느껴지지 않는 상태에서부터 아주 강한 상태까지 스펙트럼상에 놓여있습니다. 아주 작게 느껴지는 감정은 그 느낌을 알아차릴 정도의 작은 몸 느낌을 일으킵니다. 이런 상태일 때 우리는 원하는 대로 침착한 상태를 유지할 수 있습니다. 작게 느껴지는 감정은 아주 작게 느껴지는 감정보다는 큰 몸 느낌을 일으킵니다. 감정 때문에 우리의 생각이 영향을 받는 상황이 있을 수 있지만 여전히 조절이 가능합니다. 중간 정도의 감정은 약간 불편한 몸 느낌을

---

1) 이후 내용은 Julie F. Brown의 '변증법적행동치료 기반 정서조절 기술 시스템'(최현정, 조윤화 옮김)을 참고하여 학교현장에 맞게 각색하였습니다.

동반합니다. 스트레스를 받고 있지만 대화도 할 수 있고 감정조절도 가능한 상태입니다.

강한 감정은 강한 몸 느낌을 동반합니다. 이때 생각과 충동은 조절하기 어려워지며 감정이 가라앉아야 비로소 조절이 가능한 상태가 되므로 지원이 필요합니다. 하지만 강한 감정 상태에서는 나나 타인, 물건에 손상을 주지는 않습니다. 아주 강한 느낌의 감정은 완전히 강한 몸의 느낌을 동반하며 통제나 조절이 어려워집니다. 이로 인해 불편하지만, 의식적으로 다양한 방법을 계속 시도해 보아야 합니다. 이 경우 나 자신이나 타인, 물건에 손상을 입힐 수 있기 때문입니다.

감정은 몸 전체에 반응을 일으킵니다. 걱정 때문에 불안할 때 몸 안에서는 심장이 뛰기도 하고 머릿속이 꽉 찬 것 느낌을 받으며, 무서운 생각이 들 수 있습니다. 생각들이 빠르게 지나가며 가만히 있으면 안 될 것 같은 충동이 느껴집니다. 몸 밖에서는 입술이나 손톱을 물어뜯거나 손과 발을 가만히 두지 못하고 땀이 날 수도 있습니다. 호흡이 얕아지는 모습도 관찰 됩니다. 다리를 떨거나 머리를 감싸 쥘 수도 있고, 갑자기 밖으로 나가버리거나 예상하지 못한 행동을 하기도 합니다.

이처럼 감정이 느껴질 때 다양한 방법으로 감정을 조절할 수도 있지만, 반응의 결과로 위험한 행동을 하게 될 수도 있습니다. 그리고 때로는 더 나쁜 상황이 초래되기도 합니다. 이럴 때일수록 우리는 학생의 마음을 마음돋보기로 바라보고, 학생이 다시 자신의 감정을 인식하고 조절할 수 있도록 해야 합니다.

실패는 반복된다.

슬기는 영어를 배울 때마다 긴장합니다. 선생님은 매일 매일 학생들에게 영어 지문을 읽으라고 하는데, 슬기는 이 시간이 너무나 긴장됩니다. 다른 친구들이 유창하게 지문을 읽는 모습을 보면 부러움이 커집니다. 어느 날 슬기는 선생님에게 가서 "선생님 어떻게 하면 영어 발음이 좋아져요?"라고 물었습니다. 선생님은 슬기의 질문에 잠깐 고민하더니 "혹시 슬기야. 좋아하는 영화나 팝송이 있니?"라고 물어보았습니다. 슬기는 평소에 영화를 즐겨 보곤 했습니다. 선생님은 슬기에게 맘에 드는 영어 대사를 따라 읽어보라고 권유했습니다. 특히 자막을 켜서 보면 도움이 된다는 이야기에 슬기는 '자막을 켜고 따라 읽는 연습'을 하기 시작했습니다. 처음에는 어색했지만, 잘할 수 있다는 선생님의 격려와 맹연습으로 슬기의 영어 실력은 눈에 띄게 향상되었습니다.

만약 영어 선생님이 "왜 발음이 안 되니?"하고 물어보았다면 슬기는 어땠을까요? "왜 발음이 안 되니?"라는 질문은 학생에게 원인이 있다는 생각을 자연스럽게 떠올리게 합니다. 그렇게 되면 우리가 할 수 있는 것들에 초점을 맞추기보다 학생에게 원인이 돌아갑니다. 우리는 우리가 할 수 없는 일들에 집중하게 됩니다.

학교에서 학생들이 감정적으로 어려워할 때, 우리는 어떤 전략을 사용할 수 있을까요? 감정조절을 '전략'처럼 생각하기란 쉽지 않습니다. 우리도 감정에 대해서 차근차근 생각해 볼 기회가 많지 않고, 그러다 보니 우리도 성장 과정에서 우리가 경험했던 방식으로 학생들을 대하는 경우가 많습니다. 하지만 때로는 마음을 힘들게 하는 문제의 해결을 원할 때, 우리는 다양한 지식을 바탕으로 문제해결을 돕는 전문가로서 역할을 해야 합니다. 그러려면 문제를 푸는 학생을 지도하듯이, 문제와 그간 해결을 위해 시도했던 방법들을 다양하게 살피고 탐색하는 단계가 필요합니다.

문제에 대한 관점을 살피고 탐색하는 데 자주 사용되는 대표적인 상담 기술은 '질문하기'입니다. 좋은 질문은 대부분의 경우 '네, 아니요.'보다는 다양한 탐색을 이끌어내는 형태를 띱니다. 이런 질문들을 '열린 질문'이라고 합니다. 열린 질문은 생각을 확장시키고 자신의 상황을 다각도로 살펴보게 하며, 미처 생각하지 못하는 부분을 깨달을 기회를 제공합니다. 따라서 상담자의 좋은 질문은 그 자체로 문제해결에 큰 도움이 됩니다. 그러나 상담의 과정에서 조금 더 주의를 기울여야 하는 질문이 있습니다. 바로 '왜?'로 시작하는 질문입니다.

"어제도 조퇴했는데, 오늘도 조퇴한다고 하니까 왜 그러는지
　모르겠다."
"왜 자꾸 보건실에 간다고 하는 거니?"
"교실에 있기가 힘든 이유가 뭐야?"

'왜?'로 시작하는 질문은 마치 질문을 받는 사람으로 하여금 책임을 묻거나 탓을 하는 것 같이 인식될 가능성이 높습니다. 또한 학생의 문제에 '왜?'라는 질문으로 다가가면 학생은 자신이 학교에서 어려워하는 상황 또는 문제를 탐

색하기 어렵습니다. 오히려 '왜?'에 대한 대답으로 쉽게 '내가 문제구나'라는 식으로 반응하기 쉽습니다. 뿐만 아니라 '왜?'라는 질문이 반복되면 우리와 학생의 관계가 멀어지고 학생의 대답도 점차 듣기 어려워집니다. '학생이 왜 못할까?', '학생이 왜 자꾸 예상할 수 없는 방향으로 움직일까?' 하는 생각이 떠오르면, 우리는 '학생이 문제다.' 또는 '내가 문제다.'라는 식으로 결론을 내리기 쉽습니다.

학생이 문제라고 생각하게 되면, 문제가 지속될수록 학생의 의지나 동기 부족을 탓하기 쉬워집니다. 문제의 책임이 학생에게 과도하게 돌아가면 우리는 학생에게 불편한 감정을 느끼게 됩니다. 그리고 이러한 감정이 생기면 우리는 자연스럽게 그 대상과 거리를 두게 됩니다. 결국 우리는 학생과 해결이 필요한 문제에 대해서는 대화하는 일이 줄어듭니다.

상황이 악화되거나 해결되지 않은 채 유지되면, 우리는 더 이상 학생을 바라보지 않고 '왜 학생을 효과적으로 지도하지 못할까?'라는 질문을 스스로에게 던지기 시작합니다. 이때 스스로에게 던지는 '왜?'라는 질문은 결국 우리 자신을 탓하게 만듭니다. 이런 과정에서 우리는 학생이 겪는 문제와 비슷한 감정을 느끼게 됩니다.

상담에서도 '병행과정'이라는 개념이 있습니다.[2] 이는 내담자의 문제가 상담자에게도 영향을 미쳐, 상담자 역시 비슷한 감정이나 생각을 하게 되는 과정을 설명합니다. 즉, 학생이 자신을 어떻게 인식하고 어떤 생각을 가지고 있느냐에 따라 그 학생과 상호작용하는 우리도 영향을 받을 수 있습니다. 그 결과, 학생과 주변 사람 모두가 같은 문제에 빠져드는 악순환이 될 수 있습니다.

> 학생: "나는 친구가 한 명도 없고, 나를 도와줄 수 있는 사람도 없다." (슬픔과 외로움, 절망)
> 선생님: "나는 학생의 문제를 해결할 수 없다." (슬픔, 절망)

이런 과정 때문에 많은 선생님들이 학생에게 도움을 주려다가 실패를 반복하게 됩니다. 학생이 성공하면 안심할 수 있겠지만, 학생이 실패할 경우에는 학생을 비난하거나 탓하게 됩니다. 이 과정에서 학생에 대한 실망감과 분노가 커지고, 그 결과 학생을 더 비난하게 됩니다. 여기서 학생의 실패는 곧 선생님의 실패이기 때문입니다. 결국 학생과 선생님 사이의 악순환이 반복됩니다.

---

2) 이 내용은 Margaret E. Blausetein 외의 '아동·청소년 외상치료의 새로운 전략'(김도연 외 옮김)을 참고하여 학교현장에 맞게 각색하였습니다.

학생이 감정조절에 실패할 때

감정은 자연스러운 것이지만 어떤 감정은 때때로 큰 파도같이 몰려옵니다. 이때 우리는 감정에 빠져 버리거나, 효과적이지 않은 행동으로 감정을 피해 가기도 합니다. 또 문제가 되는 행동으로 이 감정에 대처하기도 합니다. 학생들이 감정에 잘 대처하지 못할 때 어떤 행동을 하게 되는지 우리가 이해할 수 있다면, 감정을 조절하고 무사히 지나가도록 도울 수 있습니다.

학생들이 감정을 효과적으로 대처하는 방법을 모를 때 학생들은 자신만의 방식으로 감정을 조절하고, 표현하고, 해소합니다. 그중 하나가 '자기 탓'입니다. 예를 들어, 학생이 시험에서 낮은 점수를 맞았을 때, 또는 친구와 다툼 상황에서 자신이 잘못한 부분에 대한 후회나 다른 사람들에 대한 미안함, 상황에 대한 아쉬움을 느낄 수 있습니다. 이런 감정들을 적절하게 처리하면, 학생은 다음에 있을 시험을 더 꼼꼼하게 준비할 수 있고, 친구를 대할 때 더 신중하고 친절하게 행동하려고 조력하게 됩니다. 즉, 비슷한 상황에 더 효과적이고 적절한 행동을 할 수 있게 됩니다.

하지만 이러한 감정들을 잘 조절하지 못하고 계속해서 그 감정이 커진다면 문제가 심각해질 수 있습니다. 이때 가장 영향을 많이 미치는 요인은 극단적인 생각입니다. '다 망했다.', '모두가 나를 비난할 것이다.', '용서받을 수 없을 것이다.'와 같이 극단적인 생각들을 곱씹게 되면 걱정, 미안함, 아쉬움과 같은 감정들은 쉽게 해소되지 않고 이내 심한 우울함이나 무기력에 빠지게 됩니다.

두 번째로 회피 행동을 할 수 있습니다. 자신이 기대한 일들이 마음처럼 이루어지지 않았거나 실패할 거라고 생각하게 되면, 때로는 시도조차 하기 어려울 때가 있습니다. 이럴 때 학생들은 긴장하고 불안합니다. 이러한 긴장과 불안은 적정수준에서는 일을 대비하고 미리 준비할 수 있도록 하는 에너지가 됩니다. 하지만 과도한 긴장과 불안은 도전과 시도보다 회피 행동을 불러옵니다. 그래서 고민을 잊으려고 게임에 빠지거나, 흡연 등의 몰입 행동을 하게 됩니다. 이러한 행동들은 그 당시의 긴장이나 불안을 잊는 데에는 도움이 되지만 일을 시작하는 데에는 효과적이지 않습니다.

세 번째로 다른 사람에게 과도하게 화를 내거나 지나치

게 의식하게 됩니다. 우리는 우리가 원하는 일들이 마음처럼 이루어지지 않았을 때, 또는 중요하게 여기던 것들이 침범당했다고 생각했을 때 방해를 했다고 생각하는 타인이나 상황에 화를 내게 됩니다. 적절한 화는 행동을 유지시키는 동기가 됩니다. 학생들이 자신이 중요하다고 생각했던 가치가 침범당하는 상황에서는 상황을 변화시키려는 동기가 생기고 이것은 자신을 더 발전시키거나 상황을 좋게 바꾸는 중요한 계기가 됩니다. 하지만 과도하게 타인을 비난하거나 의식하게 되면 관계에 안 좋은 영향을 줍니다.

위와 같은 학생들의 어려움은 사실 감정을 잘 조절하지 못하는 데에서 비롯됩니다. 감정을 잘 조절하고, 감정에 휩쓸리지 않고 행동할 수 있다면 학생들은 좀 더 효과적으로 감정에 대처하며 실패하는 상황을 피할 수 있습니다. 하지만 감정을 처음부터 혼자 조절하기란 쉽지 않습니다. 특히 쉽게 압도당하는 감정에서 혼자 무언가를 다르게 시작하기란 강한 의지나 특별한 계기가 있지 않고는 매우 어렵습니다.

그래서 학생들과 함께 감정을 조절하고 감정이 지나가도록 해야 합니다. 학생의 어떤 감정은 학생이 다루기에 너무 빠르고 강렬하게 다가와 학생이 생각할 틈조차 없게 만들기도 합니다. 이런 상황이 반복되면 학생들은 점점 비효과적인 방식으로 힘든 감정에 대처하게 되고, 문제는 더 커지게 됩니다.

아기가 불편해서 울 때마다 보호자의 돌봄으로 울음을 멈추고, 시간이 지남에 따라 그저 자신만의 방식으로 울지 않고 감정에 대처하듯이 우리는 학생이 조절하기 어려워하는 감정을 마음돋보기로 살피고 학생을 이해하며 감정을 조절할 수 있도록 같이 할 수 있는 것들부터 시작해 볼 수 있습니다.

그렇다면 학생들이 어떤 감정을 느끼는지 잘 알기 위해서는 어떻게 해야 할까요? 지금 마음돋보기가 떠오른다면 학생의 감정을 잘 살필 준비가 되었다는 의미일 것입니다. 맞습니다. 마음돋보기로 학생을 바라보듯이 우리도 우리의 마음이 어떤 상태인지 들여다볼 수 있어야 합니다. 우리가 무엇을 할 수 있을지 알고, 학생과 할 수 있는 것들을 하는 것이 중요합니다. 우리가 학생을 돕기 전에 감정에 대해 아는 것이 필요합니다. 다음 장의 내용을 따라가면서 학생들이 자신의 감정을 더 잘 인식하고 조절하는 데 필요한 것들을 생각해 봅시다.

감정이란 마음의 날씨[1]

　길을 걷다가 갑자기 큰 비를 만나면 놀라면서 걱정이 되고, 맑은 날 상쾌한 바람이 불면 기분이 좋아지는 것은 자연스러운 일입니다. 우리는 매일 크고 작은 사건에 반응하도록 프로그램되어 있기 때문입니다. 매일의 크고 작은 사건에 대한 이러한 반응을 감정이라고 부릅니다. 우리는 누구나 감정을 느끼고, 하루를 보내는 동안 크고 작은 일에 반응합니다. 그때마다 마치 날씨처럼 우리의 감정도 마음속에서 바뀝니다. 감정이 느껴질 때 우리는 그 감정을 통해 현재 상황과 우리의 상태를 이해하는 데 필요한 정보를 얻게 됩니다. 따라서 '감정적'인 것은 자연스러운 하나의 상태입니다. 우리가 느끼는 감정들은 좋지도 나쁘지도 않습니다. 그저 그때 느껴지는 감정이 있는 것입니다.

---

[1]　이 내용은 Jill H. Rathus의 '청소년을 위한 다이어렉티컬 행동치료'(더트리그룹 옮김)를 참고하여 학교현장에 맞게 각색하였습니다.

감정이 하는 일

 그러면 감정은 무슨 일을 할까요? 감정이 하는 일은 크게 세 가지로 나누어 볼 수 있습니다.

 먼저 감정은 동기를 부여하고 행동하게 합니다. 예를 들어 시험이 며칠 남지 않았을 때 우리는 불안을 느낍니다. 불안한 기분이 적절하다면 우리는 시험공부 계획을 세우고 계획에 따라 공부를 하게 됩니다. 불안이 공부를 하는 동기가 된 셈입니다. 좋아하는 친구에게는 자주 연락하고 싶고 만나고 싶은 마음이 듭니다. 함께 시간을 보내는 것이 즐겁다면 그 시간이 늘어나길 바랄 것이고 더 자주 만나고 싶어질 것입니다.

 둘째, 감정은 우리가 다른 사람과 소통할 수 있도록 돕습니다. 학생들이 서로 소리를 지르거나 교실의 규칙에 어긋나는 행동을 했을 때 "그러면 안 돼."라고 단호한 표정을 지으면서 말하면 학생들은 그 행동을 멈춥니다. 우리의 자세와 표정, 말투가 행동을 멈추면 좋겠다는 메시지를 학생들에게 전달한 것입니다. 또 교실에서 한 학생이 울 때, 별다른 말을 하지 않아도 다른 학생들이 울고 있는 학생에게 다가가 서로 위로하고 달래주는 장면을 볼 수 있습니다. 웃음도 마찬가지여서 한 사람이 웃으면 쉽게 교실 전체가 웃음 바다가 되기도 합니다. 이처럼 감정은 말이나 표정, 행동으로 드러나고 서로 소통하는 데에도 도움이 됩니다.

마지막으로, 감정은 우리의 상태와 상황을 알도록 합니다. 만약 갑자기 교실의 전등이 꺼지고 건물 전체가 흔들린다면, 학생들은 즉시 긴장하고 일어날 수 있는 위험한 상황에 대비할 준비를 합니다. 상황이 정확히 무엇인지는 모르지만, 무언가 위험한 일이 일어난 것 같다는 느낌을 통해 정보를 얻은 것입니다. 이런 감정이 주는 정보는 우리가 주관적으로 상황을 해석한 결과이며, 때로는 그 감정이 맞는지 확인이 필요합니다. 상황과 감정이 일치한다면 감정에 따라 행동하는 것은 적절할 수 있지만, 상황과 감정이 일치하지 않는다면 우리는 감정을 조절하거나 다른 행동을 해야할 수도 있습니다. 앞서 살펴본, 물을 무서워하는 학생이 물 때문에 위험했던 상황에서 긴장과 공포를 느끼는 것은 사실과 맞는 감정입니다. 하지만 생존수영 수업에서 과도하게 긴장과 공포를 느끼는 것은, 단순히 감정이 '물이 무섭다'라는 정보를 제공하는 것이지 그 수업이 실제로 위험하다는 의미는 아닙니다. 이러한 상황에서 우리는 학생이 느끼는 물에 대한 두려움을 조절하고 물에 들어가도록 돕는 것이 필요합니다.

결국, 감정은 우리에게 상황을 이해하고 어떤 행동을 할지 알려주는 신호등과 같은 역할을 합니다. 감정을 느끼기 때문에 우리는 행동을 시작할 수 있고, 현재 나의 상태를 이해하고 다른 사람들과 소통할 수 있습니다. 예를 들어 두려움은 위험을 알리는 신호이고, 분노는 원하는 것에 방해를 받고 있다는 신호입니다. 슬픔은 무엇을 잃어버렸다는 신호이고, 죄책감이 든다면 우리가 중요하게 생각하는 가치를 지키지 못하고 있다는 신호일 수 있습니다.

감정이 우리에게 주는 정보들

각각의 감정들은 오랜 시간 우리가 환경에서 살아남을 수 있도록 분화해 왔습니다. 감정마다 우리에게 주는 각각의 정보는 지금 어떤 상황이 일어나고 있는지, 우리가 그 상황을 어떻게 인식하고 있는지 이해하는 데 도움이 됩니다. 각각의 감정이 주는 일반적인 정보들을 살펴보면 다음과 같습니다.

화는 우리는 주로 불공정한 대우를 받았을 때, 상처받거나 무시당했을 때, 자신의 이익이나 권리가 침해당했을 때의 감정입니다. 친구들에게 계속 물건을 뺏기는 자녀 때문에 화가 난다고 말씀하시던 보호자는 "너는 왜 화도 못 내니?"하고 말한 적이 있다고 합니다. 자녀가 충분히 거절할 수 있다고 생각하는데도 불구하고 계속 상처를 받고 있다고 생각하기 때문입니다. 분노와 비슷한 감정에는 분개, 적대감 등이 있습니다. 화가 날 때 우리의 몸은 뜨거워지는 느낌이 들거나 힘이 들어가기도 합니다. 실제로 분노는 두려움이나 장애물을 극복하는 데 필요한 에너지를 부여합니다. 그러다 보니 말이나 행동으로 공격하고 싶은 충동이나, 소리를 지르고 싶은 느낌이 들 수도 있고, 실제로 폭력적인 행동으로 물건이 부서지고 다른 사람이나 자신이 다칠 수도 있습니다.

두려움은 불안, 위협을 느끼는 상태입니다. 어떤 학생이 시험을 앞두고 자신이 바라는 결과를 얻을 수 있을지 확신하기 어려운 상황에서는 두려움을 느낄 수 있습니다. 두려움을 느낀다면 생명이나 건강이 위협받고 있거나, 낯선 곳에 있거나, 충격적인 사건을 경험하거나 목격했을 수 있습니다. 두려움과 비슷한 맥락의 긴장감도 중요한 어떤 일을 앞두고 있을 때 느끼는 감정입니다. 적절한 긴장감이 있을 때 우리의 수행은 극대화됩니다. 중요한 일을 앞두고 긴장을 느끼는 것은 당연한 반응이기 때문입니다. 하지만 지나치게 긴장한다면 우리는 경직되고 뻣뻣한 몸의 느낌과 두

근거리는 맥박이나 심장박동을 느낄 수 있습니다. 심하면 속이 울렁거린다거나 덜덜 떨리는 느낌이 납니다. 이럴 때 우리는 도망가고 싶어집니다. 또 움직일 수 없어 가만히 굳은 채 있기도 합니다. 이때 소리를 지르거나 다른 사람에게 도와달라고 말할 수도 있습니다. 두려움을 경험하게 되면 두려움을 일으켰던 장소나 대상을 피하려고 하게 되고 상황에 대한 경계심이 높아집니다.

　기쁨은 즐거움, 만족감, 행복을 느끼는 상태입니다. 좋은 소식을 들었을 때, 좋은 결과를 얻었을 때, 친구와 함께 즐거운 시간을 보낼 때, 취미나 여가 활동을 즐길 때, 사랑하는 사람과 함께 있을 때 기쁨을 느낍니다. 기쁠 때 우리 몸에는 활기가 돕니다. 얼굴이 환해지고 마음이 가볍게 느껴집니다. 따뜻한 느낌이 날 수도 있습니다. 그럴 때 우리는 쾌활하게 행동합니다. 사람들을 껴안거나 장난을 치기도 하고, 미소를 짓게 됩니다. 기뻤던 일들을 계속 반복하고 싶어집니다.

　슬픔은 분노의 반대편이 있는 감정입니다. 우리는 슬픈 노래를 들었을 때, 가족이나 친구를 잃었을 때, 실망하거나 좌절했을 때, 스트레스나 불안감으로 인해 우울해졌을 때 슬픔을 느낍니다. 즉, 얻을 수 있다고 기대했지만 기대대로 되지 않았거나, 포기를 받아들여야 하는 상황에서 우리는 슬픔을 느낍니다. 슬픔을 느낄 때 우리는 힘이 없고 텅 빈 느낌을 받습니다. 실제로 몸이 여기저기 아픈 것 같은 경험을 하기도 합니다. 울음이 나고 종일 피곤해 계속 잠을 자기도 합니다. 슬픔은 우리를 잠시 물러나게 하고 쉬게 합니다. 쉼이 지나가면 아이디어가 갑자기 떠오르는 순간이 오기도 하고 생각대로 행동하고 싶을 수도 있습니다. 하지만 슬픔이 깊어지면 사람들을 잘 만나지 않고 즐겨하던 활동을 줄이고 혼자 있는 일이 늘어납니다. 이런 상황에서는 다른 사람들의 지지가 필요하기도 합니다.

수치심은 초라한, 민망한, 모욕을 느끼는 상태입니다. 우리는 나의 잘못을 다른 사람이 알게 되었을 때, 나의 어떤 행동들이 기준에 못 미친다고 생각했을 때, 다른 사람의 비난을 받을 때, 나의 개인적인 부분이 드러났을 때 창피함을 느낍니다. 그럴 때 우리는 얼굴이 빨개지고, 어딘가에 숨고 싶다는 충동을 느낍니다. 이 상황에서 자신이 없어졌으면 좋겠다는 생각이 들고 자신을 비난하는 생각들을 떠올리기 쉽습니다. 또 목소리도 작아집니다. 반복해서 사과하거나, 고개를 떨구기도 합니다. 또한 나를 바라보고 있는 타인의 시선을 피하고 사람들이 많은 곳을 피하게 됩니다.

진짜 마음을 꽉 잡아주세요.

감정에는 행동, 몸의 반응, 신경계와 같은 많은 요소들이 연결되어 있고 이들 요소는 서로 영향을 주고받습니다. 우리가 학생의 마음이 심하게 오르락내리락하지 않도록 시도할 수 있는 방법이 많은 것도 감정에 다양한 요소가 연결되어 있기 때문입니다. 우리가 학생의 진짜 마음을 보다 명확히 볼 수 있게 되었다면, 이제는 다양한 시도를 통해 감정을 보다 잘 조절하는 방법을 찾아야 합니다. 학생들이 자신의 감정을 안전하게 다루는 방법을 배우게 된다면 학교에서 만나는 많은 위기 상황을 보다 효과적으로 피할 수 있습니다.

마음의 아지트가 되어주세요.

학생들의 감정이 너무 강렬하고 빠르게 행동으로 이어진다면 그 학생에게 필요한 것은 '감정 아지트'가 아닐까요? 감정 아지트란 조절하기 어려운 감정이 생겼을 때, 최악의 결과로 이어지기 전에 경험하고 있는 그 감정에서 빠져나오기 위해 대피할 수 있는 장소를 의미합니다. 마치 불이 난 마음을 진정시키기 위해 불씨가 잦아드는 방법을 배우는 동안에도 여러 번 불이 날 수 있기 때문에, 불길이 더 번지지 않도록 먼저 안전한 장소를 마련해 두는 것과 같습니다. 아지트는 많을수록 좋습니다.

아지트를 만드는 것은 우리와 학생 모두에게 도움이 됩니다. 사전적 의미로 아지트는 개인이 무언가를 하기 전에 근거지가 되는 장소로 개인이 밖으로 나가기 전에 본격적인 활동을 하기 전에 힘을 얻고, 쉴 수 있고, 다시 나갈 수 있도록 도움이 되는 장소라고 합니다. 그러나 학교라는 공간에서 학생들이 감정을 추스르고, 쉼을 얻을 수 있는 공간은 거의 없습니다. 그러다 보니 교실의 분위기, 다른 학생들의 시선, 선생님들과의 상호작용 등 모든 상황이 학생을 다시 감정에 휩싸이게 만들 수 있습니다. 하지만 학교에 학생의 '감정 아지트'가 있다면 학생은 그곳에서 감정을 가라앉히고 마음을 추스른 후, 다시 교실로 돌아가 생활할 준비를 할수 있습니다.

남수는 초등학교 5학년 남학생입니다. 남수네 반 친구들은 남수가 등교하면 긴장합니다. 남수는 정해진 일정이 변경되거나 갑자기 학교 일과가 변경되는 것을 매우 합니다. 체육 시간에 운동장에 나가기로 한 날 장소가 체육관으로 바뀌면 교실 바닥에 누워서 "운동장에 나가겠다."라고 소리를 지르는 일이 잦습니다. 남수는 쉽게 울고 소리를 지르며 진정하지 못했기 때문에 담임선생님도 난감해할 때가 많습니다. 학교 일과는 변경될 수도 있는데, 남수가 별일 없이 지내려면 이런 일이 없어야 한다니 선생님은 답답함을 느낍니다.

남수의 '아지트'는 상담선생님이었습니다. 상담선생님이 남수에게 진정할 수 있는 장소와 시간을 제공했기 때문입니다. 하지만 상담선생님 혼자 남수를 돕기는 쉽지 않았습니다. 선생님이 다른 학생을 상담하는 중이거나 출장 중일 때면 남수는 도움을 받을 수 없는 상황에 놓였기 때문입니다. 상담선생님도 부담스러웠던 점이 있었는데, 남수가 갑자기 불안해지면 즉시 남수가 있는 장소로 가야 하고, 하루에도 몇 번씩 이런 일이 있는 날에는 다른 학생들의 상담 시간을 조정해야 했습니다.

이런 고민을 해결하려고 담임선생님은 다른 선생님들과 의논하여 남수의 아지트를 늘려보기로 했습니다. 남수가 갈 수 있는 장소를 더 정하고, 교감 선생님께도 도움을 요청했습니다. 또 시간을 비교적 유연하게 쓸 수 있는 다른 선생님들과도 함께 아지트가 되어보기로 했습니다. 아지트가 늘어나니 남수는 좀 더 안정적으로 지낼 수 있게 되었습니다. 특히 교감 선생님이 함께하는 상황은 더 효과적인 아지트가 되었고, 학교에서 학생이 더 든든하게 생활하는 데 큰 도움이 되었다고 합니다.

학교에 아지트는 많을수록 좋습니다. 강렬한 감정이 빠르게 행동으로 이어지는 경우에 학생이 처음부터 정서 조절을 하기는 어렵습니다. 그래서 학생이 자기조절력을 키우는 동안 옆에서 지지해 주고 도움을 줄 수 있는 사람과 장소가 필요합니다. 특히 학생을 마음돌보기로 바라보며 안정감을 줄 수 있는 선생님은 그 자체로 아지트가 됩니다. 사실, 학생과 관련이 있는 선생님이라면 누구든지 아지트가 될 수 있습니다. 학생은 자신의 감정조절을 돕는 선생님의 안정적인 반응을 경험하면서 자연스럽게 감정을 조절하는 법을 배우게 됩니다. 선생님이 학생의 감정조절 모델이 되는 것입니다. 선생님과 함께 학교에 있는 벤치에 앉거나, 운동장에 있는 나무 그늘에 함께 시간을 보내는 것, 또는 함께 걷는 것 등도 좋은 아지트 활동의 예가 될 수 있습니다.

다양한 장소도 아지트로 활용할 수 있습니다. 안전한 장소까지 확보가 된다면 더할 나위가 없습니다. 예를 들면, 교감 선생님 자리 옆에 파티션으로 가려진 소파가 있다거나, 교과교실 내에 학생이 앉을 수 있는 별도의 공간이 있다거나, 학교 한편에 마련된 아늑한 공간 등이 예가 될 수 있습니다. 학생이 아지트로 삼을 만한 장소가 생겼을 때 아지트에서 학생이 해야 할 일은 무엇일까요? 아지트가 되는 장소가 있다면 그곳에 스스로 감정을 진정시킬 수 있는 다양한 활동이나 물체들을 찾아두는 것이 좋습니다. 예를 들어 응급키트를 만들 수 있습니다. 응급키트란 학생이 강한 감정을 느낄 때 바로 할 수 있는 다양한 활동이나 물건들을 담은 상자입니다. 예를 들어 학생이 좋아하는 간식이나 말랑이장난감, 사탕, 숨은그림찾기 책, 향기 나는 물체, 좋아하는 촉감 등이 있을 수 있습니다.

마음 응급키트 만들기[1]

　이미 설명한 것처럼, 우리의 감정은 신호등과 같습니다. 강렬한 감정은 마치 빨강 신호등과 같습니다. 빨강 신호등이 켜지면 우리는 상황에 맞게 생각하거나 행동하기가 어렵고 감정이 일으키는 충동에 따라 행동하기 쉽습니다. 예를 들어 우리를 슬프게 한 일에 대해 소리 지르기, 욕하기, 장소를 벗어나고 싶은 강렬한 충동을 느낄 수도 있습니다. 충동이 더 강해지면 다른 사람을 해치거나 물건을 부수는 일이 생기기도 합니다. 빨강 신호등이 켜지면 자신을 통제하기가 어렵기 때문에 초록 신호등으로 바꾸는 방법을 연습해야 합니다.

　마치 위기에 대비한 '안전 훈련'처럼 초록 신호등을 만드는 방법을 연습할 수 있다면 더 좋습니다. 고통스러운 감정을 느낄 때는 상황을 해결하는 방법을 탐색하고 합리적인 결정을 내리기 어렵습니다. 오히려 감정에 따라 행동하고 싶은 강렬한 충동을 느낍니다. 고통스러운 감정 상태에서는 집중하기 어렵고 충동은 아주 강하기 때문입니다. 이때 그 자리에서 감정을 안전하게 해소하는 방법을 생각하고

---

1)　이 내용은 Jill H. Rathus의 '청소년을 위한 다이어렉티컬 행동치료'(더트리그룹 옮김)를 참고하여 학교현장에 맞게 각색하였습니다.

행동하기는 불가능하기 때문에, 고통스러운 감정을 조절하기 위해 할 수 있는 것들을 미리 정해 놓으면 큰 도움이 됩니다.

이럴 때 많이 활용하는 것이 '마음 응급키트'입니다. 응급키트에는 마음의 빨간불을 초록 불로 바꾸는 다양한 방법들이 들어 있습니다. 이 활동에서 중요한 점은 응급키트를 만들고 학생이 사용하기를 기다리지 말고, 학생과 함께 익숙해지도록 계속 연습해야 한다는 것입니다. 학생에게 '기분이 좋아지기 위해서' 하는 것이 아니라 '고통이나 불쾌함을 덜고, 교실의 모든 학생이 안전할 수 있도록' 이 활동을 연습해야 한다고 알려주시기를 바랍니다.

선생님: "남수야, 지금부터 같이 응급키트를 만들어 볼 거야. 네 마음이 어제처럼 빨간 불 상태일 때 초록 불로 바꾸려면 미리미리 연습을 해두는 게 중요해. 빨간 불 상태로 계속 소리를 지르거나 행동하면 너를 포함해서 우리 반 학생들이 위험해질 수 있거든. 그래서 오늘, 같이 응급키트를 만들고 연습을 계속하는 건 정말 중요해."

남수: "이거 해도 소용없어요. 그냥 상담실 갈래요."

선생님: "연습을 계속하면 확실히 도움이 될 거야. 선생님도

익숙해질 때까지 너랑 같이 해볼게. 상담선생님이 도움을 주시기도 하지만 선생님이 안 계실 때도 있고, 남수 네가 스스로 빨간불을 초록 불로 만들 수 있다면 대견할 것 같아. 그러면 이제 만들어 보자. 네가 있을 때 편안하게 느끼는 장소는 어디일까? 집에서는 어디에서는 어디 있을 때 제일 편안해?"

남수: "학교에서는 상담실하고 보건실? 요즘에는 교감 선생님한테 가도 괜찮은 거 같아요. 그 파티션이 있어가지고 소파에 앉아 있으면 교감 선생님이 기다려 주세요. 집에서는 제 방 침대도 좋고 엄마랑 같이 있기도 해요."

선생님: "좋아. 네가 안정이 되는 장소를 잘 알고 있구나. (질문 계속) 도움이 되는 노래나 영상이 있니? 사진이나 풍경 같은 것들도 괜찮아. 만지면 기분이 좋아지는 물건 같은 것들이 있니? 전에 선생님이 만난 학생은 인형을 들고 오기도 했고, 집에 있는 강아지나 고양이를 만질 때 기분이 좋다고도 했어. 캔디나 초콜릿 같은 것도 있어? 간식을 조금 먹는 게 도움이 되면 좋을 것 같은데. 혹시 같이 있으면 안전하다고 생각하는 선생님이나 어른들이 있니? 혹시 친구들이 있다면 몇 명 말해볼까?"

(응급키트를 다 만든 후)

선생님: "이제 응급키트를 모두 완성했다. 이렇게 만들고 보니까 우리 마음이 빨간 불일 때 초록 불이 되도록 하는 것들을 네가 많이 알고 있는 것 같아서 빨리 너랑 연습해 보고 싶구나. 하나하나 같이 해보면서 어떤 순서로 응급키트 안의 물건들을 사용해 볼지 계획도 세워보자."

남수: "네, 근데요 선생님. 응급키트? 이거 써도 계속 소리 지르고 싶으면 어떻게 해요? 혼나요?"

선생님: "응급키트를 쓰면 마음을 초록 불로 돌리는 데 분명히 도움이 될 거야. 어려우면 네 마음의 빨간 불이 바뀔 때까지 응급키트를 계속 사용할 수 있도록 선생님들이 도와줄 거거든. 그리고 선생님들도 모두 같이 하실 거야. 처음에는 빨간 불에서 초록 불로 바꾸려면 시간이 걸릴 수 있지. 그래도 우리 포기하지 말고 같이 해보자."

감정을 조절하는 가장 큰 비결은 감정 점수가 내려갈 때까지 응급키트를 계속 사용하고 멈추지 않는 것입니다. 그리고 만약 도움을 줄 수 있는 선생님이나 자원들이 있다면 적극적으로 찾고 응급키트의 재료를 늘려가시기를 바랍니다. 학생들과 응급키트를 연습할 때는 조절할 만한 상황을 선택해서 학생이 자신감을 갖고 도전할 수 있도록 하는 것이 좋습니다. 그리고 연습 후에 도움이 되는 점을 확인하고 감정조절의 결과로 좋은 일들이 생긴다는 것을 알려주시기를 바랍니다.

혹 연습하기 힘들 만큼 조절이 어려운 학생이 있다면 학생과 이야기를 정리한 후 상담 방향을 정하는 것이 중요합니다. 이후 경우에 따라서 위(Wee)클래스 상담으로 전환하여 계속 진행할지 결정하도록 합니다. 마음의 응급키트를 만들고 연습하는 것보다 먼저 환경적 어려움의 해결이나 심리검사나 치료 등의 지원이 필요한 때도 있습니다. 만약 학생의 어려움이 보호자, 가정환경, 혹은 치료가 필요한 정도의 정서적 문제에서 비롯되는 것이라면, 관련 선생님들이 함께 모여 협력하여 필요한 자원의 연계 방안을 논의해야 합니다.

마음의 비타민 챙기기[2]

3월이 되면 많은 선생님들이 비타민을 챙기기 시작합니다. 새 학기가 되면 해야 할 일이 많아지기 때문에 미리 면역력을 키우고 건강을 유지하기 위해서 부지런히 비타민을 챙깁니다. 첫 일 주일 정도는 비타민을 잘 챙기다가도 일이 바빠지면 비타민 먹을 시간을 놓치고 깜빡하기도 합니다. 비타민을 꾸준히 먹으면 건강에 도움이 되는 것을 알지만 '바쁘니까 넘어가자.' 하면서 지내다 보면 점점 몸에 피로가 쌓이는 것을 느끼곤 합니다. 이처럼 좋은 줄 알면서도 매일 꾸준히 실천하기 어려운 일들이 많습니다. 일기 쓰기, 운동하기, 아침에 일찍 일어나기, 건강하게 식사하기 같은 일들이 그렇습니다. 감정조절에도 이런 일들이 있습니다.

감정조절을 잘하기 위해서는 하루를 잘 챙기고 기분 좋은 일을 실천하는 것이 큰 도움이 됩니다. 감정에 취약해지지 않고 일상의 균형을 유지하는 데도 중요합니다. 우리도 쉽지 않은 일인데, 학생들이 이런 일들을 해 나가기란 더 어렵습니다. 그러나 이런 작은 일들을 반복하면, 학생의 긍정 감정을 경험하는 횟수가 늘어나고, 즐거움을 느끼는 활동

---

2) 이 내용은 Jill H. Rathus의 '청소년을 위한 다이어렉티컬 행동치료'(더트리그룹 옮김)를 참고하여 학교현장에 맞게 각색하였습니다.

의 범위가 확장됩니다. 학생이 감정을 위해 자신을 돌볼 수 있는 활동을 하나라도 할 수 있다면, 그 활동은 학생의 감정에 긍정적인 영향을 미치게 됩니다. 그리고 이것은 우리가 학생과 함께 학교에서 쉽게 시도하는 방법의 하나입니다.

몸이 아프고 기운이 없는 상태에서 시험 같은 중요한 일을 준비해 본 적이 있나요? 우리 몸이 아프고 피곤하면 감정에도 영향을 미칩니다. 몸이 안 좋을 때는 작은 일에도 지치거나 화가 나기 쉽습니다. 몸이 아플 때는 평소 쉽게 하던 일도 하기 어렵습니다. 산책하러 나가기가 어렵고, 산책하러 나가지 못하면 밤에 잠들기도 힘들어질 수 있습니다. 그렇게 되면 다음 날엔 평소의 리듬이 깨질 수도 있고 더 예민해질 수 있습니다.

잠도 감정에 큰 영향을 줍니다. 잘 자기 위해서 언제 얼마나 자야 하는지 알고 관리하는 것이 중요합니다. 또한 식사 습관도 감정에 영향을 줍니다. 너무 많이 먹거나 너무 적게 먹으면 우리 몸에 무리가 가서 부정적 감정을 더 쉽게 느끼게 됩니다. 배가 고프거나 먹을 게 없을 때 쉽게 기분이 나빠지는 경험을 한 적이 있나요? 이것이 식사를 잘해야 하는 이유입니다.

술이나 담배, 카페인 같은 자극적인 물질을 줄이거나 끊는 것도 몸과 감정을 돌보는 데 중요합니다. 이런 물질들은 잠깐 기분을 좋게 하거나 에너지를 주기도 하지만 그 효과는 오래가지 않습니다. 결국 에너지가 떨어지고 기운이 저하되면서, 저조한 상태에 빠지게 됩니다.

운동을 꾸준히 하면 근육이 생겨서 큰 힘을 쓸 때 부상이 생기지 않도록 하는 데 도움이 됩니다. 마음도 몸과 비슷합니다. 우리가 운동하듯이 기분이 좋아지는 활동을 매일 꾸준히 실천하면 힘든 감정에 쉽게 휩쓸리지 않는 데 도움이 됩니다.

매일 저금통에 조금씩 저금을 해두면 마음이 든든한 것처럼, 매일 행복한 일을 하나씩 계획해서 실천하면, 우리가 느끼는 불편하고 강렬한 감정에 대처할 수 있는 여유가 생기게 됩니다. 이것이 바로 '오늘의 확실한 행복'을 계획하고 실천하는 것이 중요한 이유입니다.

행복을 만드는 가장 쉽고 확실한 방법은 평소에 학생이 즐겨서 하던 활동이 무엇인지 알아보고 이런 활동을 계속 실천하는 것입니다. 중요한 것은 학생이 행복을 느끼려고 노력하는 것에 무게를 두고 기분을 좋게 하기 위해서 의도를 가지고 꾸준히 실천하도록 하는 것입니다.

다음의 행복을 위한 활동 목록을 함께 만들고 같이 시도해보시기 바랍니다.

- ○ 따뜻한 물에 샤워하기
- ○ 깨끗하게 손 씻기
- ○ 좋아하는 음악 목록 만들기
- ○ 배우고 싶은 것에 관한 동영상 찾기
- ○ 영화관에 가기
- ○ 제일 좋아하는 옷 입어보기
- ○ 산책하기
- ○ 좋아하는 핸드크림 사기
- ○ 줄넘기 하기
- ○ 머리 스타일 바꾸기
- ○ 요리하기
- ○ 친구에게 문자보내기
- ○ 일기쓰기
- ○ 사고 싶었던 물건 사기
- ○ 그림 그리기
- ○ 선물하기
- ○ 노래하기
- ○ 웹툰이나 웹소설 읽기
- ○ 스포츠 경기 관람하기
- ○ 보드게임 하기
- ○ 방 정리하기
- ○ 사진 보기
- ○ 컴퓨터게임 하기/인터넷 서핑하기
- ○ 산책하며 주변을 살펴보기

살다 보면 누구나 어려운 문제가 생겨 힘든 감정을 느낄 때가 있습니다. 하지만 매일 기분이 좋아지는 활동을 꾸준히 하면 문제가 생겼을 때 힘든 감정을 덜 느낄 수 있고 감정 조절도 더 쉽게 할 수 있습니다.

마치 자전거 타기를 가르치듯이

    학생의 감정을 관리할 수 있도록 돕기 위한 과정은 자전거 타기를 가르치는 것과 비슷합니다. 학생이 자전거를 타도록 돕는 과정을 떠올리면서 이야기를 시작해 보려고 합니다.

    자전거는 한번 배우면 시간이 지나도 다시 탈 수 있습니다. 하지만 만약 자전거를 타다 심하게 넘어지거나 다친 경험이 있다면, 다시 자전거를 타는 것이 쉽지 않을 것입니다. 그럴 때 자전거 타기를 주저하는 학생이 다시 자전거를 탈 수 있게 하려면 어떻게 해야 할까요?

    만약 우리가 자전거를 가르치는 코치라면 먼저 학생이 자전거를 타고 싶은 마음을 갖게 해야 합니다. 학생이 자전거를 타고 싶어 하는 마음이 클수록 학생은 자전거 타기를 계속 시도할 가능성이 있습니다. 자전거를 타고 싶어 하는 마음이 커지기 위해서는 학생과 우리가 어떤 목표를 가졌는지 명확히 알고 있을 때 도움이 됩니다. 예를 들면 '이번 주까지 자전거를 타고 50미터를 간다'와 같이 쉽고 성공할 가능성이 있는 작은 목표들을 가져야 합니다.

학생에게 자전거 타기를 배우는 과정이 생각보다 안전하게 배울 수 있다는 것을 사전에 알려줘야 합니다. 학생이 자전거 타기를 배우는 과정에 신뢰를 갖기 위해서는 앞으로 진행되는 절차나 방식에 대한 안내가 필요합니다. 학생이 궁금해하는 부분에 대해 같이 상의하고, 자전거를 타는 데에 어려움을 느끼더라도 비난받을 문제가 아니라 함께 해결하고 배워나가는 과정이라는 점을 확실히 합니다. 이때 우리의 베테랑과 같은 태도가 필요합니다. 자전거 타기를 가르쳐본 경험과 성공 사례 등을 통해 학생과 우호적인 관계를 맺는 것도 좋습니다.

이제 학생은 믿을만한 절차에 대해 자세히 알게 되었습니다. 그리고 처음으로 자전거 안장 위로 앉습니다. 이때 코치의 역할은 학생의 첫 시도를 안전하게 마치는 데 있습니다. 이를 위해 설명한 대로 연습을 진행해야 합니다. 학생의 성공보다 학생이 자전거 위에서 생각보다 덜 불안하다고 느끼는 것들이 필요합니다. 그러므로 코치가 가장 먼저 해야 하는 것은 학생이 타는 자전거를 꽉 잡고 놓지 않는 것입니다. 학생에게 꽉 잡고 있겠다고 말하고 슬쩍 자전거 안장을 놓게 되면 학생은 다시 무서움을 경험합니다. 이 과정에서 가장 타격을 받는 것은 학생이 갖는 우리에 대한 믿음입니다. 그리고 처음에 실패하면 학생은 자전거 타기를 다시 시작하기는 더 어려워집니다.

처음 시도에서 학생은 더 머뭇거리고, 더 고민하고, 시간을 끄는 것같이 보일 수 있습니다. 핑계를 대거나 관심 없다는 투로 계속 말할 수도 있습니다. 하지만 우리는 학생의 어조나 태도에 영향을 받기보다 학생이 우리와 약속한 것들을 믿고 학생이 계속 목표에 맞는 행동을 할 수 있도록 격려하며 조력해야 합니다. 이 과정은 우리들의 감정조절이 필요합니다.

예전에 한 초등학생이 선생님을 향해 소리를 지른 적이 있습니다. 선생님은 당황했고, 또 화가 났습니다. 그래서 학생이 진정된 후 학생에게 사과를 요청했습니다. 학생이 사과를 하면 다시 우리는 잘 지낼 수 있다고 설명도 했습니다. 선생님이 학생에게 사과를 요청한 이유는, 학생이 이미 여러 차례 다른 선생님께도 화를 내고, 선생님들은 크게 꾸짖으며 선생님을 향해 공격적인 태도나 언행을 하면 안 된다고 설명했기 때문입니다. 그때마다 학생은 오히려 더 화를 내기도 했고,

교실 밖으로 나가기도 했으며, 다음날은 언제 그랬냐는 듯이 다시 교실로 돌아와 같은 문제를 반복했습니다. 선생님들은 학생과 이야기하기를 피했고 학생이 다가오면 긴장이 되기도 했습니다. '학생에게 필요한 것이 무엇일까?'하고 고민해 보면서 선생님은 학생이 한 번도 사과하지 않았다는 사실을 알게 되었습니다. 사과를 하면 학생이 자신의 행동에 책임을 지는 첫 단추를 끼울 수 있겠다고 생각한 선생님은 학생이 화내고 공격적으로 변할 때 자신이 안정된 모습으로 학생과 소통해야겠다고 결심했습니다. 그리고 여느 날처럼 학생은 선생님에게 화를 냈습니다. 학생이 보여주는 행동을 보고 있자니 자신도 같이 화가 나고 학생을 혼내고 싶었지만, 학생을 혼내게 되면 또다시 효과적이지 않은 일들이 반복되리라는 것을 기억했습니다. 선생님은 학생이 진정될 때까지 자신의 감정에 집중하면서 학생에게 화를 내지 않기 위해 자신의 감정을 조절할 수 있는 다양한 방법을 시도했습니다. 그리고 학생이 진정할 무렵에 학생의 행동을 설명하고 사과를 요청할 수 있었습니다. 학생은 '사과'라는 단어에 꼼짝하지 않고 선생님을 째려보듯이 서 있었습니다. 하지만 선생님은 가만히 학생을 기다렸습니다. 이윽고 학생이 고개를 살짝 숙이면서 "죄송합니다."하고 짧고 작게 말했습니다. 순간 선생님은 학생의 태도가 충분히 잘못을 인정하지 않는 것 같다고 말하고 싶은 욕구를 느꼈습니다. 그리고 하마터면 '사과를 하려면 제대로 해야지.'하고 말할 뻔했습니다. 선생님은 학생에게 필요한 것을 기억했습니다. 그리고 학생에게 말했습니다. "그래, 사과했구나. 그리고 이제 선생님과 같이 화가 날 때 어떻게 해야 너를 포함한 모두가 안전할 수 있을지 다른 방법을 연습해 보자. 우리가 같이 있는 교실에서 네가 화가 날 때 소리 지르지 않고, 다른 행동을 하는 건 매우 중요하고 꼭 필요해."라고 말했습니다. 학생은 아무 대답도 하지 않았지만, 선생님과 함께 화가 날 때 어떤 다른 행동을 할 수 있을지 연습하기 시작했습니다.

학생은 순조롭게 어려움을 하나하나 해결하면서 우리가 바라는 모습으로 변하지 않습니다. 학생은 나아진 것 같다가도 때로 다시 나빠지고, 우리와 잘 지내다가도 우리를 서운하게 합니다. 선생님은 학생이 다시 원점으로 돌아가는 것 같다는 실망을 할 수도 있고, 결국 내가 학생을 잘 지도하지 못했다는 허무함을 느낄 수도 있습니다. 이런 마음들은 교사로서의 자신감을 떨어뜨리고 학생과의 관계에 손상을 줍니다. 그래서 우리는 항상 학생과 함께 설정한 목표를 기억해야 합니다. 학생이 여러 차례 실패를 경험했지만, 끊임없이 자신을 돌보고 포기하지 않는 선생님을 경험할 때 학생들은 선생님을 안전하게 느낍니다. 선생님과 있을 때 안전함을 느끼는 학생은 새로운 행동을 시도하고 도전할 수 있습니다. 그리고 이때야 비로소 학생이 새로운 행동에 적극적으로 시도하고 연습하게 될 것입니다.

이제 학생은 본격적으로 새롭게 자기 행동을 바꾸기 시작합니다. 매일 꾸준히 학생의 새로운 시도가 있다면 이제 우리는 무엇을 해야 할까요? 우리가 이제 학생이 달라졌다고 믿고 학생에 대한 마음돌보기를 잠시 넣어둔다면 아마 학생이 탄 자전거는 몇백 미터를 가다 쓰러질 수도 있습니다. 손을 뗀 자전거는 쉽게 쓰러집니다. 쉽게 쓰러지는 자전거를 재미있어 할 사람은 없습니다. 다시 탈까 망설여지고, 타더라도 조금은 긴장됩니다. 이때 우리가 해야 하는 것은 학생의 망설임과 긴장에 공감하고, 학생이 자전거를 탔을 때 왜 자꾸 쓰러지는지 학생과 함께 살펴봐야 합니다. 그래야 학생이 이전의 행동을 다른 행동으로 바꿀 수 있습니다. 다른 예로 만약 같은 문제를 자꾸 틀리는 학생이 그 문제에 자신이 없다면서 또 틀렸다고 축 처진 어깨로 우리에게 왔다면 뭐라고 말해줄 수 있을까요?

"괜찮아, 계속하면 되지, 결국 잘하게 될 거니까 걱정하지 말자."
"많이 아쉬웠겠다. 이번엔 더 잘하고 싶었을 것 같은데…. 어

떤 부분이 어려웠는지 같이 살펴보면서 생각해 보자. 선생님
이 도와줄게. 그러면 다음번에는 조금은 더 잘 풀 수 있을 거
야."

우리가 학생이 실패하는 과정에서 조금이라도 잘한 것,
나아진 것을 발견하고 학생에게 알려줄 때 학생은 자신의
변화에 대해 잘 이해할 수 있습니다. 그런 맥락에서는 두
가지 대답은 모두 다 학생에게 힘이 되고 격려가 되는 말이
지만 학생이 자신의 실망과 걱정을 조금 덜고 다시 문제를
풀도록 돕는 데에는 두 번째 대답이 더 효과적입니다. 이
대답은 학생이 무엇을 더 해야 하는지 구체적으로 알려줍
니다. 학생의 문제해결에 관한 한 우리는 다양한 해결 방법
을 알고 있는 전문가입니다. 학생이 우리의 말을 듣고, 학
생이 실패하는 과정에서 작은 성공을 발견하고, 그 부분을
칭찬할 수 있다면 학생은 자신의 변화를 더 잘 이해하게 됩
니다. 설령 문제해결에서 나아진 부분을 발견하지 못하더
라도 우리는 앞으로의 가능성을 이야기할 수 있습니다.

우리가 함께하는 과정을 통해 학생은 자전거 타기에 점
점 익숙해집니다. 학생은 꽤 먼 거리를 자전거로 달릴 수
있고, 자전거를 타는 즐거움에 대해 우리에게 말할 수도 있
을 것입니다. 학생에게 자전거를 타는 방법을 알려주는 과

정은 사실 학생이 감정을 조절하고 적절히 표현할 수 있도록 알게 하는 과정과 닮아 있습니다. 학생도 감정을 관리하던 자신의 방법에서 벗어나 감정조절에 대한 새로운 방법과 행동을 배우는 과정을 겪게 됩니다.

만약 교실에서 감정조절의 어려움이 있는 학생이 자신의 감정을 잘 다룰 수 있게 된다면 학생 스스로에게는 물론, 다른 학생들 또한 안전한 심리적 환경 속에서 자신에 대한 다양한 도전을 이어나가게 될 것입니다.

학생이 감정을 스스로 잘 조절하고, 감정을 적절히 표현하도록 우리는 어떤 전략을 써서 학생의 문제해결을 돕고 있을까요? 그렇게 하면 안 된다고 계속 말하는 것이 소용없다면 우리는 어떤 방법으로 학생을 도울 수 있을까요?

우리는 때로는 인내심을 가지고 자전거 타기를 가르치는 코치처럼, 그리고 아이를 안정적으로 양육하는 보호자처럼 학생을 바라보고, 학생이 자신의 감정을 조절할 수 있도록 도와야 합니다. 만약 학생이 스스로 감정조절을 하는 게 어렵다면 당분간 우리와 함께 조절하는 방법을 연습하는 과정도 필요할 것입니다. 학생이 감정조절을 할 수 있도록 가르치고 돕는 과정에 대해 우리가 자전거 타기를 가르치는 과정처럼 생각할 수 있다면 우리 스스로도 학생의 감정적인 어려움을 바라보고 이해하는 데 도움이 됩니다. 감정적

으로 어려운 학생이 무언가 새로운 방법을 시도하고 있다
면 '이 학생이 다시 자전거를 타보려고 하는구나!'하고 생각
해 보시기 바랍니다. 아마도 학생에게 필요한 자원이나 방
법들이 더 쉽게 떠오르고 긴장감이나 걱정은 많이 사라질
지도 모릅니다.

3장.

관계에는
기술이 필요합니다

관계는 어떻게 이루어져 있을까?

새로운 친구들과 만나는 3월, 학생들과 담임선생님이 처음 만나고 다사다난한 한 해가 지나면 그 반의 학생들과 담임선생님은 신기하게도 분위기가 닮아 있습니다. 이럴 때 '그 반 애들도 꼭 담임선생님이랑 닮았어.'라는 말이 실감이 납니다. 분위기뿐만이 아닙니다. 정갈하게 정리된 커튼, 학생들의 수업 결과물이 게시되어 있는 교실의 게시판, 사물함의 이름표의 위치까지 교실도 꼭 담임선생님과 닮았다는 생각이 듭니다. 시간이 지나면서 학생들의 표정이나 말투, 행동에서도 선생님과 비슷한 모습들이 다양하게 나타납니다.

학생들과 끈끈하고 신뢰하는 관계를 맺기 위해서는 먼저 우리 자신의 대인관계를 돌아볼 필요가 있습니다. 우리는 하루에도 여러 역할을 맡고 있습니다. 가정에서 자랑스러운 자녀로 부모님을 돕고, 자녀에게 사랑을 듬뿍 주는 보호자로서 애정을 표현합니다. 친구들과는 즐거운 대화를 나누며 그들의 안녕을 바라고 서로 챙깁니다. 학교에서는 어떤가요? 학교에서는 학생들을 위해 수업을 준비하고, 학생들의 이야기에 귀 기울이며 믿을 만한 선생님이 되려고 노력합니다.

학교에서 우리는 다양한 역할을 맡습니다. 힘들어하는 학생에게는 따뜻한 어른으로, 도전하는 학생에게는 응원하고 길을 제시하는 멘토로서 다가갑니다. 때로는 친구 같은 모습을 보이기도 하고, 엄격한 권위를 가지고 지도하는 역할도 합니다. 학생의 상황에 따라 우리는 다양한 역할을 선택하고 유지하게 됩니다. 이렇게 역할을 변화시키면 학생과의 관계에서 신뢰를 쌓고 긍정적인 상호작용을 유지하는 데 도움이 됩니다.

학교에서 우리는 학생들과 관계를 맺으며, 학생들은 우리가 보여주는 다양한 관계 방식을 통해 배우고 성장합니다. 때로는 학생들이 지나치게 의지하거나, 거리를 두는 모습을 보일 때도 있습니다. 이럴 때 우리는 학생들과의 관계에서 적절한 경계를 설정하는 것이 중요함을 느낍니다.

경계란 대인관계에서 나와 상대를 구분하는 선으로, 이것이 너무 가까워지거나 멀어지면 서로에게 부담이 될 수 있습니다. 학생들은 자신만의 대인관계 기술로 이 경계를 조절하려고 합니다. 우리가 학생들에게 대인관계의 다양한 기술을 보여줄 때, 학생들은 이를 보고 배워 자연스럽게 자신의 관계에서도 적용할 수 있게 됩니다.

우리가 학생들과 맺는 관계는 힘의 차이를 포함합니다. 대인관계에서는 때로 한쪽이 더 큰 힘을 가질 수 있습니다. 예를 들어, 힘의 불균형이 큰 관계에서는 힘이 더 큰 쪽이 주도권을 쥐는 경우가 많습니다. 학교에서는 학생들이 우리에게 도움 요청을 하거나 평가를 받기 때문에 우리는 학생보다 더 큰 힘을 가진 존재로서 수직적 관계를 맺고 있습니다. 그러나 이 관계를 때로는 수평적으로 유지하려는 노력이 필요합니다. 수직적 관계만으로는 학생들과 친밀한 관계를 유지할 수 없고, 수평적 관계만으로는 지도가 어렵기 때문입니다. 따라서, 학교에서 학생과의 관계는 힘의 조율을 통해 한 방향으로 나아가는 것이라 할 수 있습니다.

정서 조절에서 우리는 자신의 감정을 알아차리고, 그 감정을 다스리는 방법을 연습할 수 있었습니다. 이렇게 감정을 잘 다스리는 것은 친구나 선생님과의 관계를 잘 유지하는 데 아주 중요합니다. 하지만, 학교에서 친구나 선생님과의 관계를 잘 맺는 방법을 알지 못한다면, 아무리 감정을 조절할 수 있어도 관계에서 어려움이 생길 수 있습니다. 왜냐하면, 관계는 나 혼자만 잘한다고 되는 게 아니라, 상대방도 함께 노력해야 하고, 가끔은 상대방의 반응을 예상하기 어려운 때도 있기 때문입니다.

관계의 선순환

교직 생활을 열심히 하다 보면 아무리 많은 경험을 쌓고 익숙해졌다고 해도 여전히 힘든 순간이 찾아옵니다. 그런데도 우리가 힘든 순간을 잘 이겨낼 수 있는 이유는 우리 곁에 우리를 응원하고 힘을 북돋아 주는 관계들이 있기 때문입니다.

김선생님에게는 '라떼 타임'이라는 루틴이 있습니다. 아침에 출근 시간이 되면 아내가 가장 좋아하는 커피 메뉴인 '아이스 바닐라 라떼'를 남편이 준비해 주는 것입니다. 선생님은 커피를 받으면 전화나 문자로 고맙다는 인사를 보냅니다. 이 아이스 바닐라 라떼는 단순한 커피가 아닌 남편이 보내는 작은 응원과 지지로 선생님의 하루를 밝게 만듭니다. 비록 남편이 학교의 여러 가지 문제에 대한 해결책을 찾아주는 것은 아니지만, 아침마다 준비되는 아이스 바닐라 라떼는 서로의 삶을 이해하고 응원하는 상징적인 표현입니다. 이 루틴은 서로의 관계가 원활히 유지하게 하고 서로가 언제든지 의지할 수 있다는 믿음을 확인시켜 줍니다. 즉, 어려운 순간을 잘 해결해 나가리라고 믿고 있으며 언제든 여기로 돌아와 쉴 수 있다는 가족의 지지를 느끼게 해줍니다.

이런 루틴은 선생님 자신의 감정조절에도 큰 도움이 될 뿐만 아니라, 선생님을 둘러싼 지지체계가 단단하게 존재하고 있음을 알 수 있게 합니다. 하지만 만약 어느날 남편이 라떼를 준비해주지 않는다면, 그 순간만큼은 관계에 문제가 있는지 확인해봐야합니다. 서로에게 힘든 일이 생기지는 않았는지, 또는 서로 도울 방법은 없는지 확인할 수 있습니다. 이런 작은 습관들은 우리가 지지체계를 확인하고 관계를 돌볼 수 있게 도와줍니다.

이런 작은 루틴으로 우리의 지지체계를 살펴보고 유지하는 것은 매우 중요합니다. 또한 스스로에게 지지가 되어주는 것은 무엇이 더 있는지 알아야 합니다. 지지체계가 존재하는 것을 알고 있을 때 우리는 힘든 순간에 어디에 도움을 요청할지 떠올릴 수 있기 때문입니다. 그러므로 힘든 순간이 오기 전에 우리에게 힘이 되어주고 안전하게 서로를 지켜주는 관계들을 유지하고 돌봐야 합니다. 그리고 힘든 순간이 왔다면, 힘이 되어줄 수 있고 서로를 지켜줄 수 있는 안전한 관계에 도움을 요청하는 용기도 가져야 합니다.

우리가 만나는 학생들은 학교에서 서로에게 힘이 되어주는 대인관계를 맺고 있을까요? 위에서 언급한 선생님 부부의 라떼타임 루틴처럼, 학생들도 서로 응원하고 지지하는 관계를 맺고 있다면 그 관계는 학생들의 성장과 어려움을 극복하는 데 큰 도움이 될 것입니다. 이런 행동들은 학생들이 자신의 인간관계를 더 탄탄하게 만들 수 있도록 돕는 기초가 됩니다.

　하지만, 우리가 만나는 학생 중 일부는 '관계에서 어려움을 겪는 학생들'입니다. 이 학생들은 서로를 지지해 주는 관계를 만들지 못하거나, 그 관계를 유지하는 데 어려움을 겪고 있을 수 있습니다. 또는 이미 지지해 줄 관계가 있더라도, 그 관계에서 어떻게 도움을 요청해야 할지 방법을 모를 수도 있습니다. 이럴 때, 감정조절이 잘 되고 안정적인 사람과의 관계는 그 학생들에게 매우 중요합니다. 그리고 그 역할을 할 수 있는 사람이 바로 선생님, 우리입니다.

　우리는 학생들에게 안정과 지지를 제공할 수 있는 중요한 존재입니다. 안정적이고 감정조절이 잘 되는 선생님은 학생들에게 안전한 피난처와 같은 역할을 합니다. 그리고 교사는 학생들이 학교에서 하루 대부분의 시간을 보내는 성인으로서, 학생을 관찰하고 어려움을 발견할 수 있는 위치에 있습니다. 또한 우리는 학생들에게 지지와 도움을 줄 수 있는 권한과 책임을 가진 사람들입니다.

1955년 하와이 카우아이섬은[1] 가난과 질병, 알코올중독과 결손가정 등 열악한 환경의 가정들이 많았습니다. 발달심리학자 에미 워너(E. Werner)는 '가정환경의 영향에 관한 연구'를 위해 30년이 넘는 종단연구를 계획하였습니다. 1955년에 태어난 833명의 신생아 중 201명은 가정환경이 아주 열악한 수준에 해당하는 아이들이었습니다. 연구진들은 열악한 수준의 가정환경에서 태어난 201명의 아이들 대부분이 사회 부적응자로 성장할 거라는 가정을 했습니다.

하지만 연구진의 예상과는 다르게 201명 중 3분의 1에 해당하는 72명은 열악한 환경에도 불구하고 뛰어난 성취, 도덕성 등을 보여주었습니다. 그들은 부모의 뒷바라지도 경제적 지원도 받지 못했지만 부유한 환경에서 자란 아이들보다 더 성공적인 삶을 일구어냈습니다. 그렇다면 이 72명의 아이들이 어려운 환경 속에서도 성공할 수 있었던 이유는 무엇일까요?

72명의 아이들이 가지고 있던 공통점은 바로 아이들 주변에 항상 있었던 '단 한 사람의 존재'였습니다. 잘 자란 모든 아이들 주변에서 발견된 존재는 어떤 상황에서도 아이

---

1) Werner, E. E., & Smith, R. S. (1992). Overcoming the Odds: High Risk Children from Birth to Adulthood. Cornell University Press.

들을 믿어주고 조건 없는 사랑을 베풀어 주는 사람이었습니다. 조부모나 친척 때로는 마을 사람이나 성직자, 선생님 등이 아이들에게 지속적으로 정서적인 지지와 돌봄을 제공했습니다. 즉, 언제든 내 편이 되어주는 '단 한 사람의 존재'가 실패와 좌절 속에서도 다시 일어설 수 있는 회복력의 핵심이었습니다.

이처럼 우리가 학생들에게 '단 한 사람의 존재'가 된다면, 학생들은 어려운 상황 속에서도 회복력을 발휘하여 더 뛰어난 성취를 이룰 수 있을 것입니다. 상담에서 흔히 말하는 '청소년 상담은 관계가 전부다.'라는 말이 있습니다. 관계가 튼튼하면 오해 없이 대화할 수 있습니다. 친밀한 관계 내에서는 오해 없이 전달되는 내용들도 불편한 관계에서는 오해가 생기곤 하기 때문입니다. 그러므로 어색하거나 불편한 관계의 학생들이 있다면 상담이나 교육을 하는 데 있어 어려움이 생기기 쉽습니다. 그리고 이미 관계에서 어려움이 생긴 학생들과 친밀한 관계를 만드는 것은 쉽지 않습니다. 마음의 여유가 없을 때는 자신의 곁을 상대방에게 내어줄 수 없기 때문입니다. 그러므로 미리 다져 놓은 튼튼하고 힘이 되어주는 관계 안에서는 선생님의 노력이 학생들에게 더욱 도움이 됩니다.

그리고 어려움을 겪기 전에 선생님과 원만한 관계를 유지해 놓았다면 학생들은 더 어려운 상황에 빠지기 전에 선생님에게 도움을 요청할 수 있습니다. 학생이 도움을 요청하는 것만으로도 문제해결에 한 발 더 다가가는 것이지요.

게다가 긍정적인 관계를 경험하는 것은 그 자체로 감정조절과 학생의 대인관계에 큰 자원이 됩니다. 우리는 어려운 일이 있을 때 처음에는 혼자 해결하기 위해서 노력합니다. 하지만 스스로 뭔가 할 수 없는 지경에 이르렀을 때는 스스로 힘을 내기보다 자신과 연결된 타인이 큰 희망이 됩니다. 긍정적인 관계를 경험하는 것이 중요한 이유는 학교라는 환경에서 학생들이 다양한 일과 장애물을 자주 경험하기 때문입니다. 학생이 어려운 순간을 맞이했을 때 교사와의 관계가 좋을수록 학생이 어려움을 헤쳐 나가는데 큰 지지대가 되어줄 수 있을 것입니다.

학생에 따라 어떤 태도를 보이면 좋을지 선택해주세요.

혹시 식물을 키워 보신 적 있으신가요? 식물을 키우다 보면 같은 날에 같은 양의 물을 주는데도 식물이 다르게 자라는 것을 보곤 합니다. 똑같은 환경이어도 어떤 식물은 무럭무럭 자라기도 하고 어떤 식물은 잎이 노랗게 변하기도 합니다. 이럴 때 식물을 잘 키우는 분들은 식물에 언제 물을 줘야 할지 금세 알아차리고 식물마다 다르게 물을 주고 날씨에 따라서 다르게 관리해야 한다고 얘기합니다.

집에서 주로 키우는 식물 중 율마는 위로 곧게 뻗은 모습과 좋은 향기로 많은 사람들이 키웁니다. 하지만 율마는 환기를 통해 신선한 공기도 많이 쐬어야 하고 하루에 세 시간 이상 햇볕을 받아야 하는 등 매우 세심한 관리가 필요합니다. 관리가 소홀하면 잎이 노랗게 변하거나 날카롭게 바싹 말라버리는 경우가 많습니다. 반면 몬스테라는 흙이 마르지 않게 유지해주거나 수경재배로 깨끗한 물만 제공해도 잎을 펴며 무럭무럭 자라납니다. 잎이 찢어지며 다른 잎에도 고르게 햇빛이 닿을 수 있도록 자라는 모습이 인상적입니다.

학급에 있는 학생들도 이와 비슷합니다. 율마 같은 학생들은 또래 학생들과 편안한 관계를 맺기 어려워하고 선생님의 관심을 많이 요구합니다. 그러다 선생님의 관심이 부족하면 심리적으로 어려움을 겪으면서 그 어려움을 해결하지도, 선생님께 도움을 요청하지도 못합니다. 이와 달리 몬스테라 같은 친구들은 학급의 다른 친구들을 배려하고, 심리적 어려움이 있을 때는 확실하게 선생님에게 도움을 요청하는 모습을 보입니다. 우리는 각 학생의 특성을 이해하고 넘치지도 모자라지도 않게 관심을 유지할 필요가 있습니다.

지도와 삶의 방향에 대한 안내가 필요한 학생에게 단순한 관심만 주는 것은 학생이 원하는 것이 아닙니다. 또한 우리의 들이는 노력에 비해서 학생의 변화가 나타나기 어렵습니다. 때로는 다른 학생들보다 가정 형편에 대해서 더 이해해야 학생의 행동을 이해할 수 있기도 합니다. 이렇게 학생에 대한 따뜻하고 친절한 애정을 바탕으로 학생마다 다르게 접근하는 것이 좋습니다. 학생마다 다르게 접근해야 한다는 말을 들으면 부담감으로 느껴질 수 있습니다. 하지만 우리가 따스하고 친절한 애정을 바탕으로 마음돌보기를 꺼내 든다면 금방 학생과 어떻게 대화하고 만날지 좋을지 알아차릴 수 있을 것입니다.

단호함이 매력인 선생님이 따스함이 필요하다고 느껴지는 학생을 만났을 때 많이 당황하셨던 적이 있습니다. 선생님은 더 따뜻하게 학생에게 다가가고 싶었지만, 자꾸 차갑게 대하는 것처럼 느껴져서 걱정했습니다. 나중에 상담실에 온 학생에게 담임선생님에 대해서 묻자, 그 학생은 담임선생님을 따뜻한 사람이라고 표현했습니다. 왜 그렇게 대답했는지 이유를 물어보자 담임선생님께서 단호하게 말씀하셨지만, 그 안에서 자신을 신경 써주고 있다는 마음이 느껴졌다고 했습니다. 이처럼 선생님의 성격을 학생마다 바꾸는 것이 아니라 학생이 원하고 학생에게 필요한 태도가 무엇인지 생각해 보는 것이 중요합니다. 즉, 학생마다 어떤 방식으로 다가가면 좋을지 고민하는 것이 학생과의 관계를 더 깊고 의미 있게 만들어 줍니다.

학교에서 학생의 관계 들여다보기

학생들이 관계로 인해서 어려움을 겪고, 이를 선생님이 발견했을 때 우리는 학생의 관계에 대해 알아보고 조절된 반응으로 대화를 이끌어 나가야 합니다. 특히, 우리의 조절된 반응을 통해 목표를 잃지 않는 소통이 중요합니다. 예를 들어 빵을 만들 때, 빵 반죽은 묽기나 밀가루의 종류, 달걀의 유무 등 만들고 싶은 빵에 따라서 각기 다른 준비가 필요합니다. 그리고 각 반죽에 맞추어 오븐에서 굽는 시간과 온도가 달라져야 비로소 맛있는 빵을 만들 수 있습니다. 학생과 대화를 이끌어 나가야 할 때도 이와 같습니다. 학생이 타인과의 관계에서 어려움을 겪고 있을 때, 우리는 '마음돋보기'를 꺼내 그 관계를 살피고, 학생이 키워야 할 대인관계 기술들을 가르치고 함께 연습해야 합니다.

관계에 공통으로 적용할 수 있는 대인관계 기술을 살펴보면 다음과 같습니다.

○ 감정조절이 안 된다면 대화는 될 수 없습니다. 이 규칙은 학생과 선생님 모두 해딩합니다. 감정이 격해져 있으며, 상대방의 이야기를 들을 준비가 되지 않았다면 감정 아지트에 들어가서 자신의 감정을 조절하는 것처럼 감정조절이 먼저 이루어져야 합니다. 감정조절이 되지 않은 상황에서 대화를 시작하면 오해가 생기기 쉽고 학생도 선생님도 상처받을 수 있습니다. 그렇기에 스스로 감정조절이 잘 되어 있는지 확인하고 학생도 감정조절이 되었는지 확인해 주세요. 만약 준비되지 않았다면 잠시 호흡을 통해 감정조절을 도와주시는 것도 좋습니다.

○ 학생과 만날 때 의도적으로 타인과 잘 지내며 적절하게 소통하는 모습을 보여주는 것만으로도 학생에게 효과적인 모델이 됩니다. 대인관계 기술을 잘 사용하는 선생님을 보며 학생은 선생님을 모방할 수 있습니다, 이런 방식으로 학생들은 더 쉽게 타인과 대화하거나 친밀한 관계를 형성하는 과정에 더 쉽게 접근할 수 있게 됩니다. 그러므로 조절된 선생님의 모습을 의도적으로 보여주세

요. 어색해도 괜찮습니다. 대인관계 기술은 처음에는 어색하지만, 점차 시도하다 보면 자신만의 색이 입혀지고 익숙해집니다.

○ 대인관계 기술을 사용해서 학생과의 관계를 의도적으로 형성하는 것이 효과적입니다. 대부분 선생님은 각자 쉽게 사용하는 대인관계 기술이 있습니다. 누군가는 유머를 사용하는 것일 수 있고 누군가는 관심을 가지는 것일 수도 있습니다. 하지만 학생과 관계할 때는 의도적으로 관계 형성 방법을 정해야 긍정적인 방향을 향해 나갈 수 있습니다. 학생에게 필요한 관계 방식이 무엇인지 생각하고 그에 맞는 접근방법을 선택하는 것이 중요합니다.

이제부터는 대인관계 기술을 익혀 자연스럽게 사용할 수 있도록 하는 것이 중요합니다. 이것을 위해서 다양한 학생과 선생님의 사례를 준비했습니다. 이후부터는 사례를 통해 어떤 기술이 필요하고 어떻게 적용할지를 함께 알아보겠습니다. 이 기술들은 아마도 선생님께서 이미 편안하게 사용하고 있는 기술일 수도 있습니다. 만약 그렇다면 어떤 학생들과 어떤 상황에서 사용하면 좋을지 함께 생각해 주세요. 그리고 새로운 기술이 있다면, 이를 익히고 적절한 상황에서 사용해 학교에서의 대인관계뿐만 아니라 실생활에서도 좋은 관계를 유지할 수 있을 것입니다.

적절한 거리를 배워요.

좋아하는 것부터 물어보세요!

학급에서 친구 관계를 만들지 못하고 학교에 다니기 힘든 학생을 만나 상담을 하게 되었을 땐 학생이 좋아하는 관심사를 물어보고 대화를 하는 것이 필요합니다. 그러다 보니, 흔히 혼자서 하루를 보냈을 학생이 걱정되어 "오늘은 어땠어? 밥은 잘 먹었어?"라는 질문을 먼저 하기도 합니다. 이 질문은 일반적인 학생들에게 자연스러울 수 있지만 관계를 형성하는데 서툰 학생일 경우에는 어떻게 대답해야 하는지 몰라 어색하게 느낄 수 있습니다. 어떤 학생들은 침묵하거나, 대화가 어색하게 끝난 후 다시 대화하기 어려운 상황이 되기도 합니다. "오늘 기분은 어때요?"라는 질문을 받을 때 가끔 우리도 답하기 어려운 것처럼 관계가 서툰 학생들도 마찬가지입니다. 관계가 서툴고 힘든 학생들은 친한 관계를 먼저 형성하며 연습할 기회를 주세요. 학생에게 친구와 관계할 줄도 모르는 상태에서 친구를 만들어 보라고 권유하고 연습해보자며 또래 학생에게 다가가는 것을 유도하는 것은 학생 본인으로서는 너무나도 고통스러운 일이 될 수 있습니다.

혼자서 시간을 보내는 학생에게는 조심스럽게 다가가야 합니다. "오늘 친구에게 뭐라고 이야기할 거야?", "친구에게 네가 먼저 말을 걸고 인사를 한번 해 보고 와!"라고 하면 그 학생은 숙제를 받은 기분으로 우리에게서 벗어나 다시는 이 문제에 대해서 말하고 싶어 하지 않을 수 있습니다. 이 경우, 숙제를 준 선생님과 학생 간의 관계 형성에 실패한 것이죠. 그러니 우리가 먼저 이 학생의 '베프' 또는 '연습 상대'가 되어 보는 것입니다. 혼자서 시간을 보내는 학생에게 시시콜콜한 연락은 친구 관계 늘리기를 경험해 볼 수 있는 좋은 기회가 되어줄 것입니다. 그리고 우리가 먼저 보여준 태도를 모방해 학생들이 새로운 친구에게 다가가고 친해지기 시작한 친구에게 편안한 모습을 보여줄 수 있습니다.

충청남도교육청에서는 이처럼 학교 적응이 어려운 학생을 위해 교사가 학교 밖에서 함께 하는 '으라차차 아이사랑 프로그램'을 운영하고 있습니다. 학교 내에서 적응을 힘들어하는 학생들을 모아 그 학생들과 즐거운 시간을 보내며 선생님과의 관계를 촉진하고 학교 적응력을 높입니다. 선생님과 함께 등산하고 글램핑을 즐기러 가거나 전시회를 보러 가는 등 다양한 활동을 학생이 경험해 볼 수 있도록 돕습니다. 실제로 학교가 아닌 다른 공간에서 자신이 좋아하는 활동을 선생님과 함께 경험해 본 학생들은 그 경험에 대해서 긍정적으로 기억할 뿐만 아니라, 선생님과 좋은 관계가 되었다고 생각해 그 선생님께 자신의 깊은 이야기를 하는 모습도 보였습니다.

이렇게 선생님과 편안하게 관계 맺기에 성공한 경험을 가진 학생들은 단계별로 선생님 외의 다른 교과 선생님과 관계 맺기에 성공할 수 있고, 이후에는 학급 친구들까지도 관계 맺기에 성공하는 경험을 할 수 있을 것입니다. 우리와 관계가 원만하게 시작했다고 해서 1년 내내 우리가 학생과 깊은 친밀한 관계를 맺어야 하는 것이 아니라 학생이 이 경험을 발판으로 삼아 학급의 친구들과 관계 맺기에 성공할 수 있다는 것을 잊지 마세요!

마음돌보기

이렇게 말하면 좋아요

일상을 물을 때

○ 어제 잠은 잘 잤어? 밤에 비 엄청나게 오더라

○ 선생님은 주말에 친구들하고 떡볶이 먹었어. 주말에
    뭐 했어?

관심사를 모를 때

○ 유튜버 누구 좋아해? 아니면 주로 보는 채널이 있어?

○ 좋아하는 게임이나 가수 있어?

관심사가 궁금할 때

○ 쉬는 날에 뭐 하면서 시간을 보내니? 선생님은 OTT로
    영화 봐!

○ 학교 끝나고는 주로 뭐 하니?

○ 혹시 그 게임을 특히 좋아하는 이유가 있어?

○ 오늘 콘서트 티켓팅 성공했어? 완전 대박이네!

학생의 노력에 초점을 맞춰 주세요.

불만스러운 눈빛을 하고 이번 시간에도 교무실로 교과 담당 선생님을 따라 들어오는 준하를 보는 담임선생님은 답답하기만 합니다. 준하가 자꾸 수업 시간에 무단으로 늦을 뿐더러 교과 선생님의 지시에 따르지 않기 때문입니다. 게다가 준하가 불손한 태도를 보이자 학급의 다른 학생들도 동요하고 있다며 교과 선생님들의 불만이 늘고 있습니다. 교무실에 교과 선생님을 따라 들어온 상황인데도 선생님들의 지도에 대해서 준하는 묵묵부답일 뿐입니다.

"선생님들이 지도하는데 왜 대답도 안 하냐!"
"너, 내 수업 시간에만 그러는 게 아니구나? 진짜 안 되겠네!"
"저, 서 있는 거 봐. 저게 지금 반성하는 태도냐."

학생을 교무실에 데려와 지도를 들을 준비가 안 된 상태에서 여러 선생님이 한꺼번에 지도를 시작하는 것은 학생의 불만과 반발심만 키우게 됩니다. 학생은 혼자이고 선생님들이 다수라면 학생은 선생님들이 자신에게 화를 쏟아낸다고 느끼기 쉽기 때문입니다. 학생의 잘못된 행동에 대해서는 잘못된 행동을 처음 했을 때 그 상황에서 지도하는 것이 좋습니다. 이후 학생의 입장에 대해서 더 알고 싶거나 행동의 변화를 원한다면 다른 학생이나 교사가 없는 장소에서 상담하는 것이 효과적입니다. 이렇게 하면 학생도 선생님과 단둘이 마주 앉아 자신의 이야기를 더 솔직하게 할 수 있기 때문입니다.

그리고 학생의 이야기를 먼저 들어주세요. 학생과 대화할 때 학생이 나한테 반항한다는 생각은 경계해야 합니다. 반항한다는 생각이 들면 학생의 이야기를 듣고 싶지 않은 마음이 들기도 하고 자신의 입장에서만 말하고 있다는 생각이 들기도 합니다. 또한 버릇없이 말하는 학생과 이야기할 때면 학생의 현재 이야기보다는 학급에서 있었던 사건이 떠올라서 집중하기가 어려울 수 있습니다. 학생의 이야기에서 다른 학생들과 모순점이 보이더라도 우선 적극적으로 들어주세요. 학생의 이야기를 안정된 태도로 적극적으로 듣다 보면 학생도 자신의 입장에서 이유를 자세하게 설명할 뿐만 아니라 다른 사람의 이야기도 들을 준비를 하게 됩니다.

선생님: "준하야. 네가 자꾸 교과 시간에 늦고 수업 시간에도

잠을 자거나 집중하지 못한다는 이야기를 들었어.
너는 학급에서 어떻게 지내고 있다고 생각하니?"

준하 : "네⋯. 제대로 못 한 건 맞아요."

선생님: "그렇지만 체육 시간에는 잘 참여하는 것 같고, 친구
들하고도 잘 지내는 것 같더라. 그런데 요즘 들어 부
쩍 다른 수업 시간에는 집중을 못 하는 것 같아. 무슨
일이 있었어?"

준하 : "⋯. 그게⋯. 사실 진로 때문에 고민이 많아요. 저는 운
동 다시 하고 싶은데 부모님이 허락하지를 않으시니
까 너무 어려워요. 그래서 집에서 밤마다 아빠랑 진로
문제로 대화하다가 너무 늦게 자니까 수업 시간에 집
중하기가 힘들어요."

학생이 거부하는 태도를 보일 때는 왜 계속 학생이 잘못
된 행동을 반복하는지에 초점을 맞추기보다는 학생의 어
떤 점이 조금이라도 나아졌는가를 찾아야 합니다. 작은 시
도라도 학생이 변화를 향해 노력했다면, 그 점을 인정해주
는 것이 중요합니다. 위의 사례처럼 학생의 노력을 인정하
고, 변화의 방향에 대해 이야기 나눌 수 있어야 합니다. 학
생도 자신의 변화 방향에 대해서 동의 할 때 긍정적인 변화
도 이끌어낼 수 있습니다. 학생의 어려운 점을 선생님이 먼

저 예상하기보다는 학생에게 직접 물어보는 것이 중요합니다. 선생님이 예상하는 것과는 달리, 학생이 경험하고 있는 문제나 어려움이 있을 수 있기 때문입니다. 또는 그것이 학급 내의 일이 아니라, 가정에서의 문제일 수도 있구요. 그러므로 학생에게 직접 어려운 점을 물어봐 주세요. 학생의 어려운 점이 가정에서의 문제라면 가정과의 상담을 진행하는 것도 좋습니다.

우리가 학생의 시도를 인정하고 올바르게 지도한다면 이후 학생이 다른 선생님의 지도에도 더 긍정적인 태도를 보일 것입니다. 마음돌보기로 지도하여 학생이 더 성장할 수 있는 기회를 마련해주세요.

비난이 아닌 지도로 교육하기

학생들이 모두 하교한 시간, 갑자기 학생들 여럿이 교무실로 몰려오더니, 축구장에서 학생들이 비를 맞으면서 슬라이딩하고 있다고 말하였습니다. 그 상황이 당황스러웠던 건 다른 선생님들도 없었고, 몰려든 학생들이 "축구장에 있는 학생들을 혼내야 하지 않냐"고 묻자 더욱 긴장되었습니다.

선생님: "잠깐만, 선생님이 지금 좀 당황스러운데…. 어떻게
　　　　해야 하지?"

연지: "어떻게 해야 하지? 어떻게 해야 하지? 안 혼내시는 거
　　　예요?"

선생님: "지금 선생님이 어떻게 해야 하는지 모호해서…."

연지: "어? 안 혼내시는 거죠? 야, 우리도 나가서 슬라이딩하
　　　고 놀자!"

　그 순간 선생님으로서의 인내심이 뚝 하고 끊기는 것을
느꼈습니다.

　"연지, 너 지금 뭐라고 했어! 당장 이리 안 와? 여기 복도에 모
　두 서!"

　그 순간 감정조절의 어려움을 느껴 야단이라도 쳐서 빠르
게 해결하고 싶었다는걸 깨달았습니다. 사실 그건 지도가
아니라 비난이었지 않나 생각이 들었습니다. 그리고 연지와
지금 대화가 필요한 순간이라고 생각했습니다. 심호흡으로
감정조절을 마치고 연지의 눈을 바라보며 말했습니다.

　"지금 우리는 대화가 필요한 순간이야."

다른 학생들은 복도에 두고, 문제를 일으킨 연지와 단둘이 앉아 이야기를 나눴습니다. 처음에 연지는 자리에 앉자 불안한 표정과 함께 어쩔 줄 몰라 했습니다. 당황스러웠던 감정을 전달하며 다른 학생들을 부추기듯이 말한 이유가 무엇인지 묻자 연지는 부추기려는 의도는 없었다고 답했습니다. 연지에게 슬라이딩하는 행동의 위험함에 대해서 다시 한번 설명한 후 다른 학생들과 함께 귀가할 수 있도록 지도했습니다.

비난은 무엇일까요? 국어사전에 따르면 비난은 '다른 사람의 흠이나 잘못을 들추어 사실보다 많이 부풀려 나쁘게 말한다'를 의미합니다. 즉, '다른 사람의 흠이나 잘못이 있는 것에 대해서 더 크게 말한다'라고 볼 수 있을 것입니다. 학급에서 불평불만을 많이 하며 선생님의 지시에 잘 따르지 않는 태도를 보이는 학생들을 만나다 보면 처음에는 그 학생을 비난하지 않았더라도, 시간이 지날수록 사건들이 쌓이고 쌓이게 되어서 작은 일에도 과도하게 혼을 내는 자신을 마주하게 됩니다. 이럴 때 우리는 감정에 휩쓸리기보다 효과적인 대인관계 기술을 사용해야 합니다. 정서에 압도되면 오히려 학생과의 관계는 더 나빠질 뿐입니다.

그러므로 감정이 아닌 '사실'에 기반해서 생각해야 합니다. 가끔은 상황이나 이전 사건으로 인해서 학생의 의도를 추측하거나 관계가 불편해질까 봐 지도하는 것에 대해서 미리 걱정하곤 합니다. 연지의 사례에서 그 학생들이 처음에 교무실에 찾아온 것은 다른 학생들이 노는 모습을 보면서 위험하니 말려달라는 의도였습니다. 하지만 안 혼낸다면 자신들도 나가서 놀겠다는 말에 학생의 의도가 다르게 해석되면서 지도에 어려움이 생겼습니다. 그러므로 지도를 위해 만났을 때는 학생의 행동과 상황에 대한 사실을 확인하는 것이 우선입니다.

다음으로 학생의 행동 변화 목표를 명확히 해야 합니다. 학생들에게 두루뭉술한 목표를 제시하거나 행동의 변화가 아닌 감정이나 생각의 목표를 제시하면 학생들이 이해하지 못하곤 합니다. 부추기듯이 말한 학생에게 "그렇게 말하지 마."라고 하는 것은 학생은 "왜 제 말을 오해하세요?"라면서 방어적인 반응을 이끌어 낼 수 있습니다. 그러므로 "다 같이 슬라이딩하고 놀자고 말하면 선생님은 다른 학생들을 부추기는 것처럼 느껴지는데, 그건 옳지 않아. 다른 학생들을 데리고 위험한 행동을 하면 안 돼."라고 학생이 한 행동이나 말을 그대로 돌려 학생에게 명확한 행동 변화 목표를 제시하는 것이 좋습니다.

마지막으로 학생과 선생님만 있을 수 있는 곳에서 지도해야 합니다. 학생들이 많은 장소인 교실이나 복도에서 학생을 지도하다 보면 학생도 선생님도 감정적으로 변하곤 합니다. 왜냐하면 지금 일어나는 이 상황이 다른 사람들에게 여과 없이 보이기 때문입니다. 그러므로 서로를 안전하게 만날 수 있는 별도의 공간에서 학생의 잘못된 행동에 대해서 지도한다면 학생도 훨씬 잘 받아들일 수 있을 것입니다.

생활지도는 어렵고, 때로는 고민을 많이 하게 만듭니다. 하지만 선생님과 학생의 관계는 학생을 올바르게 이끌기 위한 중요한 과정입니다. 잘못된 행동에 대해 올바른 지도를 하는 것은 마치 표지판처럼 학생에게 방향을 제시하는 일입니다. 이를 통해 학생들은 헷갈리거나 어려운 순간에도 올바른 길을 잃지 않고 나아갈 수 있을 것입니다.

관계 맺기가 어려운 학생

교사에게 의존적인 학생

지원이는 매 쉬는 시간마다 담임선생님을 찾아다닙니다. 혹시라도 회의에 가거나 다른 학생과 상담하는 모습을 보면 뾰로통한 표정으로 변해서는 그다음 쉬는 시간에 나타나 자신이 얼마나 기다렸는지를 한참 설명하고 갑니다. 지원이는 반 친구들과 이야기하기보다는 수업을 마치자마자 교무실로 달려와 담임선생님 책상에 매달려 있습니다. 상담하고 싶은지 물어보면 상담은 괜찮지만, 그냥 옆에 있으면 안 되냐고 합니다. 매몰차게 보내기에는 외로워하는 것 같아 돌려보내지도 못하고 있습니다. 이번 수행평가는 보고서 쓰기라 지원이 외에도 다른 학생들이 쉬는 시간에 조언을 구하기 위해 오는데, 자꾸 지원이와 조언을 구하러 온 학생이 부딪치는 상황이 발생하고 있습니다. 어떻게 해야 할까요?

가끔 학생들 중에서 또래 친구보다는 선생님에게 더 의존하려는 학생들을 만납니다. 그럴 때 선생님으로서 어느 정도 수준으로 신경을 써야 할지, 아니면 너무 깊게 학생에게 연결되는 것은 아닌지 걱정이 되곤 합니다. 쓸 수 있는 에너지를 생각하면 어디까지 신경을 쓸 수 있을지 막막하기만 합니다. 게다가 이렇게 우리의 관심을 원하는 학생들의 경우 관심이 부족하다고 느껴지면 화를 내거나 서운해하는 경우가 많습니다. 이런 학생들에게 쓰면 좋을 기술에 대해서 설명하려고 합니다. 이 기술들이 익숙해져 선생님만의 느낌을 살려 사용할 수 있다면 도움이 될 것입니다.

첫 번째 사용할 기술은 '관계방식 알아보기'입니다. 학생과 교사가 현재 어떤 관계를 유지하고 있는지 확인합니다. 의존적인 학생이 있을 때 우리는 한편으로 이 학생이 자신을 따르고 좋아하는 것에 대해서 불편하면서도, 다른 선생님들보다 학생과 친밀감을 잘 형성했다는 생각에 이 학생과 관계를 놓지 않으려고 학생이 좋아하는 행동을 반복할수도 있습니다.

학생의 요구를 들어주지 않는다고 해서 우리가 교사로서 실패하는 것이 아닙니다. 이미 학생이 우리에게 마음을 열고 다가왔다면 이는 우리가 학생에게 지금까지 믿음직한 모습을 보여주었다는 증거가 됩니다. 그러나 계속해서 학생의 요구를 받아준다면 학생에게 성장의 기회는 오지 않을 것입니다. 그러므로 학생과 이미 탄탄한 친밀감이 형성되었다고 생각되면 학생의 발전을 위해서 고쳐야 할 부분을 이야기하는 것이 중요합니다. 선생님의 진심이 담긴 이야기는 그동안 쌓인 친밀감을 바탕으로 학생에게 잘 전달될 것입니다.

두 번째 사용해야 하는 기술은 '솔직하게 말하고 함께 정하기'입니다. 선생님이 요청할 것과 거절할 것을 명확히 알아야 합니다. 그리고 그 수준을 정해야 합니다. 쉬는 시간마다 책상으로 찾아와 있는 것보다는 점심시간에 깊게 상담할 수 있음을 알리고 미리 약속하고 만나는 방식으로 변화가 필요합니다. 하지만, 이를 선생님의 관점에서만 설명하면 학생은 자신이 거절당했다고 느낄 수 있습니다. 따라서 학생과 함께 대안을 정하는 것이 중요합니다. 이렇게 하면 학생은 거절당했다는 느낌보다는 함께 약속을 정한 것으로 받아들일 수 있습니다.

요청과 거절에도 수준이 있습니다. 예를 들어 아래와 같은 대화를 통해 요청과 거절의 수준이 높아지는 것을 확인해 봅시다.

"수행평가 때문에 학생들이 질문하러 많이 올 거야. 지원이가
쉬는 시간에 찾아오더라도 선생님이 지원이를 바로 만나기
어려울 수 있어. 어떻게 하면 지원이의 이야기를 잘 들을 수
있을까?"

"쉬는 시간마다 지원이가 찾아오는 것 같은데, 다른 학생들도
불편해하고, 지원이도 조금 불편해하는 것 같아. 시간을 정
하고 만나면 어떨까?"

"지원아, 다른 친구들도 선생님을 찾아오니까 지원이 이야기
를 듣기 어려울 것 같아. 다음에 보자."

위 대화의 요청 하기 수준이 점점 더 강해졌다는 것을 알
아차리셨나요? 학생과 상담하면서 오디오 믹서처럼 어느
정도 수준으로 '요청하기'와 '거절하기'를 할 것인지 정해야
합니다. 어떤 태도로 학생을 만날 것인지에 대해서 생각해
보는 것입니다. 부드러운 느낌을 주고 싶을 때는 베이스 음
악을 키우고, 경쾌한 분위기를 원할 때는 소리의 음량을 키
우는 것처럼 처음부터 동일한 수준으로 이야기하기보다는,
중요한 순간에는 강도를 높이는 것이 필요합니다. 학생과
의 관계가 튼튼해졌다면, 그 관계의 긍정적인 힘을 믿고, 선
생님이 원하는 이야기를 할 수 있을 것입니다. 우리에게는

강도를 조절할 힘이 있습니다.

친구에게 의존적인 학생

지아와 선우는 유치원 때부터 단짝입니다. 학교에서뿐만 아니라 학원도 같이 다닐뿐더러 주말에도 함께 시간을 보냅니다. 그런데 어느 날부터 지아에게 희수라는 새로운 친구가 생겼습니다. 희수는 지아와 진로가 같아서 같이 입시 미술을 준비하기 시작했기 때문입니다. 선우는 지아가 멀어진 뒤로 힘들어하더니 보건실에 가는 일이 많아졌습니다. 보건 선생님께 여쭤봤더니 보건실에 와서 매일 진통제만 찾는다고 하셨습니다. 선우가 걱정되어서 따로 불러 이야기해 보았지만, 선우는 지아에게 좀 삐졌을 뿐이라고 말했습니다. 그 이후 지아를 만나 보았지만, 지아는 선우랑 점심도 급식실에서 함께 먹고 있는데 선우가 좀 속상해하는 것 같다고 표현했습니다.

어느 날 지아가 담임선생님을 찾아오더니, 선우에 대해서 말씀드릴 것이 있다고 했습니다. 선우가 자신에게 끊임없이 문자를 보내고 답장이 없으면 전화를 계속한다고 하였습니다. 지아가 희수와 함께 미술학원 가는 수요일이면 더욱더 심해지는 것 같다고 하였습니다. 그래서 지아는 미술학원에 다니지 않고 있으며 선우와 일상을 함께 하게 되었습니다. 미술학원까지 그만둔 것을 선생님이 알고 지아에게 진학에 문제가 생길까 걱정이 된다고 전하자, 지아는 선우가 "나와 같이 학교에 다니지 않으면 학교를 그만두겠다."라고 이야기했다며 선우와 자신은 함께 해야 한다고 고집을 부렸습니다. 선우와 지아 모두 어떻게 상담하고 지도해야 할지 걱정이 되었습니다.

  학생들 중에는 또래 친구들 간의 관계에 과도하게 몰입하고 애착을 강하게 가지는 학생들이 존재합니다. 그 애착이 적절한 거리를 가지기보다는 밀착되어 자신과 타인의 경계를 모호하게 하기도 합니다. 특히 단짝 친구가 생기면 그 학생과의 관계에 자신의 일상을 모두 쓰는 학생들도 있습니다. 우리가 위 사례의 선생님이라면 어떠할까요? 아마 어떻게 학생들을 대해야 할지 막막했을 것입니다. 위 사례는 지아와 선우 두 학생 모두에게 상담과 지도가 필요합니다.
  지아가 이 관계에서 고려해야 할 것은 무엇일까요? 바로 상처받지 않게 거절하기입니다. 지아는 선우를 도울 수 있는 자신이 유일한 사람이라는 것에 대해서 몰입하고 있을 가능성이 있습니다. 그러므로 이런 경우는 자기표현을 통해 친구와 적절한 거리를 유지할 수 있도록 교사가 도와야 합니다.

첫 번째로는 지아의 '요구 파악하기'입니다. 지아가 상대방 학생과 어떻게 지내고 싶어 하는지 물어봐 주세요. 선생님 생각으로는 지아가 선우와의 관계를 계속하고 싶어 한다고 생각할 수 있지만 실제로는 관계가 멀어지기를 바라고 있을 수 있습니다. 직접 학생에게 물어봐 주세요. 만약 관계의 거리가 적절히 유지되기를 바라고 있다면 학생이 상황에 따라 거절할 수 있도록 도와야 합니다.

"선생님이 봤을 때 지아가 지금 선우와 굉장히 친밀하게 지내는 것 같아. 지아, 너의 생각은 어떠니? 선우와 어떻게 관계를 유지하고 싶어?"

만약 지아가 선우와 친밀한 관계를 계속 유지하고 싶지만, 지금의 행동에서 변화를 요구하는 경우 학생이 상대 학생에게 바라는 것을 구체화하는 것이 중요합니다. 두루뭉술하게 '너무 나에게 집착하지 않으면 좋겠어.'라는 목표보다는 '적어도 밤에는 선우의 연락을 받지 않으면 좋겠어.'라는 목표로 구체화해주세요. 그래야 거절의 의사를 잘 전달할 수 있습니다.

두 번째로는 불편한 상황에서 바로 거절할 수 있도록 '거절 연습하기'입니다. 거절도 연습이 필요합니다. 연습해두지 않으면 어려운 순간에 바로 거절하지 못할 가능성이 커집니다. 이 상황에서 불편함을 토로하면 관계를 망치게 될까 봐 불편한 감정을 참고 있는 경우가 많습니다. 하지만 친구 관계는 불편한 감정을 참으면서 유지해야 하는 관계이기보다는 서로서로 노력해야 하는 관계입니다. 그리고 불편한 상황과 감정을 감내하면서까지 지아가 선우의 부탁을 계속 들어주는 것은 결과적으로 관계 유지를 어렵게 합니다. 그러므로 선생님은 학생이 불편해하더라도 자신감을 갖고 자신의 의견을 전달 할 수 있게 도와야 합니다.

세 번째로 지아의 친구에 대한 의미를 다시 생각해 볼 필요가 있습니다. 현재 지아는 다른 친구들이 하는 것 이상으로 몰입해서 선우를 돕고 있습니다. 아마 지아는 선우를 도울 수 있는 사람은 자신이 유일하고, 선우를 도왔을 때 어른들의 칭찬이나 인정을 받아왔을 수 있습니다. 하지만 지아에게 자신의 진로도 지키고 선우와의 관계도 유지하는 방법에 대해서 생각해 보도록 해야 합니다.

그렇다면 선우는 어떻게 도와야 할까요? 첫 번째 '스스로 할 수 있는 일 찾기'입니다. 선우가 지금 지아에게 계속 문자를 보내고 전화를 하는 것은 지아가 좋아서 일 수도 있지만 선우가 혼자 할 수 있는 일이 없기 때문일 수도 있습니다. 그러므로 선우가 혼자 있는 시간을 잘 보내고 외로움이나 힘든 순간이 왔을 때 스스로 해결할 수 있도록 해야 합니다. 혼자 있을 때는 무엇을 하면서 지내는 것이 재미있는지를 찾아보고 지아 없이도 할 수 있는 재미있는 것들을 만들어야 합니다. 그리고 혼자 해결하기 어려운 일이 생겼을 때는 찾아갈 수 있는 선생님을 정해 지아보다는 선생님과 함께 해결해 나갈 수 있어야 합니다. 또한 어려울 때 찾아가는 선생님 외에도 선우가 잘 지내고 있는지 관찰할 수 있는 선생님을 정하여 선우의 어려움을 조기에 발견할 수 있도록 도와야 합니다.

두 번째로 '학생의 지지체계 발굴하기'입니다. 동아리 친구, 다른 학급 친구, 부모님, 다른 교과 선생님, 상담 선생님 등으로 학생을 도울 수 있는 다양한 관계의 자원을 찾을 수 있도록 해야 합니다. 다양한 관계의 자원을 찾는 것은 선우가 다양한 사람들과 친해지는 것을 의미합니다. 선우에게 친구와 친해지는 방법을 알려주고, 다양한 친구를 사귈 기회를 제공하는 것만으로도 선우의 친구가 많아질 것입니다. 그리고 담임선생님 외 다른 교과 선생님들과 대화할 수 있도록 다른 선생님의 도움을 요청하는 것도 좋습니다.

마지막으로 가정과 협조해야 합니다. 선우의 대인관계에

대해서 부모님께 전달하고 선우와 부모님께서 어떻게 시간을 보내면 좋을지 고민해봅니다. 부모님은 학생의 큰 지지체계이기 때문입니다. 위와 같은 여러 가지 방법을 통해 의존적인 두 학생의 관계에서 적절한 거리를 찾도록 도와야 합니다.

친구 관계를 회피하는 학생

학급에서 첫 상담을 하기 위해 만난 수연이는 자기소개서의 친한 친구를 묻는 질문에 단 한 명의 이름도 써내지 못했습니다. 다른 교과 선생님께 물어봐도 수연이라는 학생이 있는지 모르는 선생님들이 대부분이고 반에서 눈에 띄지 않는 학생 같다는 대답만 돌아왔습니다. 상담 시간에 수연이는 거의 들리지 않는 목소리로 인사를 하며 상담실에 들어왔습니다. 친한 친구가 있냐고 묻자, 대답하지 못하고 아무 표정 없이 친구들과 있는 것보다 혼자 있는 편이 더 좋다고 했습니다. 계속 질문을 했지만, 친한 친구는 필요 없다고 반복합니다. 다음 날부터 수연이를 살펴보니 선택과목 시간에도 혼자 다니고 급식도 거의 안 먹습니다. 어떻게 하면 수연이를 도와주는 방법인지 고민이 되었습니다.

친구 관계를 거부하거나 회피하는 학생과 대화할 때 우리의 마음은 답답하면서도 걱정이 됩니다. 친구 관계가 중요한 시기를 보내고 있는데 학생이 혼자 지내는 것이 편안하다고 이야기하니 친구 관계의 중요성을 아는 우리는 안쓰러운 마음이 들고 어떻게 도와주어야 할지 헤매기만 하는 느낌입니다. 학급의 또래 상담자나 반장이 함께 돕는다고 하더라도 그것은 임시방편에 불과하고 학기가 지나거나 진급을 한 이후에는 똑같은 문제가 되풀이됩니다.

　학생이 혼자 다니는 것이 편하다고 해서 그대로 두는 경우도 있지만 이것은 효과적인 해결책이 아닙니다. 특히나, 최근에는 학생들이 학급 내에서 대인관계를 늘리기 위해 큰 노력을 하지 않기도 합니다. 왜냐하면 학생들이 학교 밖, 인터넷상에서 다른 친구들을 가질 수 있는 방법이 많기 때문입니다. 하지만 대면하지 않는 피상적인 관계는 학생의 대인관계 기술을 익힐 기회를 줄일 뿐만 아니라 범죄에 노출되기도 합니다. 실제로 학교 현장에서 학생들과 상담할 때 이성 친구가 생겼다고 하는 학생에게 좀 더 자세히 물어보면 한 번도 만난 적이 없다고 하거나, 다른 지역에 살고 있는 학생이라서 사실 그 학교에 다니고 있는지도 모르겠다고 말할 때도 많습니다. 그러므로 인터넷상의 친구들보다 실제로 만나는 대인관계를 늘려 학생의 관계를 튼튼히

하고 유지할 수 있도록 도와야 합니다.

　다양한 관계들을 늘리기 위해서는 선생님이 학생에게 보여주는 태도가 중요합니다. 다양한 사람이나 실제 친구들과 만나는 상황을 많이 경험하지 못해서 학생의 대인관계 기술이 미숙할 수도 있기 때문입니다. 처음에는 학생의 대인관계 방법을 확인합니다. 어떻게 상대방과 친해지려고 노력하는지 그리고 그 방법이 효과적인지 확인해 주세요. 상대방과 친해지기 위해 사용하는 방법이 효과적인 방법이 아니거나 없다면 그때는 선생님의 대인관계 기술을 보여주세요. 선생님이 학생을 대하는 태도와 행동들은 하나의 좋은 교재가 됩니다. 그러므로 학생에게 적절한 대인관계 기술을 보여준다면 학생은 그것을 따라 하며 자신만의 방법으로 익히게 됩니다. 다음은 새로운 사람과 친해지고 싶을 때 사용하는 기술들에 대한 설명입니다.

　첫 번째, '친절한 태도를 유지하기'입니다. 사람들은 자신에게 친절하고 부드러운 태도를 유지하는 사람들을 날카롭고 냉정한 사람들에 비해 더 긍정적으로 느낍니다. 또한 자신에게 친절한 사람에게 대부분 자신도 친절한 태도를 보이게 됩니다. 그러므로 선생님과 학생이 함께 친절한 태도를 정의하고 학생이 친절한 태도를 어떻게 또래 친구들에게 사용해 볼지 정합니다. 실제로 또래 친구들에게 사용할 친절한 태도는 학생이 직접 고를 수 있도록 도와야 합니다. 학생이 직접 정하지 않으면 이것 또한 숙제처럼 느껴져서 어려움이 빠지게 됩니다.

> 선생님: "친절한 태도라는 건 뭘까? 너는 언제 친절하다고 느끼니?"
>
> 수연: "저는 제 이야기를 잘 들어주고 답장도 잘하고 이동할 때 챙겨주면 친절하다고 느끼는 것 같아요"
>
> 선생님: "그럼, 그 태도를 먼저 수연이가 해 볼까?"
>
> 수연: "어려울 것 같아요."
>
> 선생님: "혹시 어려워서 하지 못했더라도 괜찮아. 우리가 목표를 세우는 게 더 중요한 거지. 지금 말한 이야기 잘 들어주기, 답장 잘하기, 이동할 때 챙겨주기 중에서 하나만 해 볼까?"

두 번째, 상대방의 관심에 귀 기울여 주는 것입니다. 사람들은 자신의 관심사에 함께 열광해 주는 사람들을 좋아합니다. 혹시 친밀하지 않았던 대상이 좋아하는 게임이나 응원하는 야구팀이 같다는 이유로 동질감을 느낀 적 없으신가요? 학생들도 마찬가지입니다. 학생에게 자신이 좋아하는 것들을 적어보라고 해 보세요. 그 이후 친해지고 싶은 친구들의 관심사를 관찰해 오라고 해주세요. 그 다음에는 상대방 친구가 좋아하는 것에 대해서 직접 질문해 보는 것입니다. 이렇게 점점 관심이 확장되다 보면 어떻게 상대방과 친해질 수 있는지에 대해서 알 수 있습니다.

친한 친구가 없던 학생이 선생님을 만나서 노력하고 있다면 그 학생은 타인과 관계를 맺는 것을 시도하는 과정 중에 있는 학생입니다. 다양한 대인관계를 경험하고 노력하는 것만으로도 많은 가치가 있습니다. 그러므로 혹시 학생이 다른 학생과 친해지려고 노력했지만 친한 관계로 발전하지 않았다고 하더라도 학생과 같이 실망하지 않고 새로운 관계를 경험해 본 것에 성장하였다고 느껴야 합니다. 그리고 학생이 노력한 점에 대해서 확인해 주시고 이전과 달라진 점에 대해서도 학생에게 말해주세요. 그리고 또 새로운 관계를 맺기 위해서 노력하는 학생을 응원하고 지지해 주세요. 지금까지 관계를 회피해 온 학생이라면 지금 하는 행동들이 다른 학생들에 비해 훨씬 어색하고 힘들 수 있습니다. 그러므로 선생님이 너를 응원하고 있으며 관계 맺기를 위해 노력한 너의 행동들에 대해서 박수를 보낸다고 말해주세요. 학생은 선생님의 지지 안에서 다양한 대인관계 기술을 연습하고 새로운 친구와 친밀한 관계를 만들 수 있습니다.

지혜롭게 돌려주세요.

선 넘는 학생과 대화하기

지혜 선생님은 최근 전학생 때문에 고민이 많습니다. 처음에는 학교에 잘 적응하기를 바라는 마음에 신경을 많이 써주었는데, 지혜 선생님에게 끊임없이 질문을 던지기 시작했습니다.

"선생님 나이가 몇 살이에요? MZ 아니죠?"
"선생님 돈 많이 벌어요?, 별로 못 벌죠?"
"파마한 거예요? 머리 되게 이상한데?"

가끔은 학생이 왜 이런 말을 하는 것인지에 대해서 고민도 되고, 어떤 반응을 해야 할지 당황스럽기도 하였습니다. 이 학생이 왜 이런 난감한 질문을 하는 것인지 어떻게 반응하면 좋을지 지혜 선생님은 너무 괴로웠습니다. 그러던 와

중에 수업 시간에도 그 학생이 무례한 질문을 던지기 시작했습니다.

"선생님은 발음이 이상한 것 같아요."
"우리 반만 왜 방과 후 수업 다 들어야 해요? 안 하고 싶은 애들은 안 하면 안 돼요?"

이제는 학급을 운영하기에도 어려운 상황에 빠진 것만 같습니다. 지혜 선생님은 어떻게 해야 할까요?

선생님에게 무례한 질문이나 불편한 말을 짓궂게 던지는 학생들을 만날 때가 있습니다. 그럴 때 어떻게 반응해야 할지 너무나도 당황스럽고, 어렵기만 합니다. 특히 학급이나 복도처럼 많은 학생과 함께 있는 상황에서 그러한 질문을 받으면 어려움은 훨씬 더해집니다.

고슴도치와 친해지는 방법을 아시나요? 고슴도치는 아주 뾰족한 가시를 가지고 있습니다. 하지만, 고슴도치가 자신의 뾰족한 가시를 눕히고 자신의 가장 부드러운 배 부분을 보여주는 때가 있습니다. 그때는 바로 상대와 친밀감을 형성했을 때입니다. 상대에 대한 신뢰가 생기고 친밀감을 형성했을 때 고슴도치는 자기 가시를 눕히고 다가갑니다. 이처럼 선 넘는 학생을 만날 때에 우리는 학생과 신뢰와 친밀감을 형성하기 위해서 노력해야 합니다. 선 넘는 학생과 신뢰와 친밀감을 형성할 때 도움이 될 몇 가지 기술에 관해서 안내해 드리도록 하겠습니다.

첫 번째로 질문을 한 학생의 의도를 파악해야 합니다. 불편한 질문을 한 이유가 무엇인지에 대해서 생각해 보는 것입니다. 이유에 대해서 직접 물어봐도 좋습니다. 버릇없는 학생과 이야기를 나눌 때면 억지로 부드럽게 말하려고 하거나 기선제압을 해야 한다는 생각에 짐짓 더 화가 난 것처럼 말하려고 하기도 합니다. 하지만 진실하지 않은 태도는 학생이 선생님의 의도를 오해할 우려가 큽니다. 그러므로 학생에게 선생님께서 느낀 점을 그대로 설명해주서도 됩니다. 선생님이 진실한 태도를 보일 때 학생도 변명이 아니라 진심을 이야기할 수 있습니다.

"선생님이 지금 네가 한 질문을 들으니 너무 민망한데. 혹시 왜 그런 질문을 했는지 말해줄 수 있니?"
"그렇게 보였어? 근데 네가 수업 시간에 말하니까 선생님이 당황스러워. 왜 그렇게 말했는지 알려줄 수 있니?"

그리고 실제로 질문을 한 이유에 관해서 물어보았을 때 의도가 없을 가능성도 있습니다. 학생들은 성장하는 중이

며 어떻게 교사와의 관계를 시작해야 하는지 모르는 경우
도 너무 많습니다. 교사에게도 친구들에게 하는 장난을 했
을 가능성도 있습니다. 이렇게 의도가 없는 질문일 때 몰라
서 이러한 질문을 한 것이므로 명확하게 선생님의 감정에
대해서 표현해 주세요. 그리고 대체할 질문이나 방법을 알
려주시는 것 좋습니다.

"선생님을 불편하게 할 의도가 없다면 이런 질문은 적절하지
　않아. 다음부터는 학업이나 학교생활과 관련한 질문을 하면
　좋을 것 같아."

　두 번째로 선생님의 감정을 먼저 살펴 봐야 합니다. 학생
이 선생님의 감정을 상하게 할 의도가 없었다 하더라도 화
가 많이 나거나 학생이 실제 의도가 있을 수 있다는 생각이
들 수 있습니다. 그런 순간이면 감정을 조절한 이후에 학생
을 지도하는 것이 중요합니다. 선생님의 감정조절이 되지
않은 상황에서 학생을 지도하고자 하면 선생님의 의도와는
다르게 감정적으로 부딪칠 수 있기 때문입니다.

"지금 선생님이 네 질문을 들으니 정말 속상하네. 가능하면
　우리는 다음에 이 질문에 대해서 이야기 하자."

우리는 학교에서 교사로서 역할을 해내야 합니다. 특히나, 학생과 친밀한 것은 좋지만 그것이 같은 위치에 있음을 의미하지 않습니다. 선생님은 선생님으로서 역할을 하고 학생은 학생으로서 역할을 할 때 학생의 성장에 도움이 될 것입니다. 그러므로 이것으로 인해서 학생과 힘겨루기할 필요가 없습니다. 학생에게 불편하고 잘못된 부분을 간결하게 되돌려 주시기를 바랍니다.

장난과 폭력 그 사이

동민이는 학급에서도 조용한 친구들과도 잘 지내고 수업도 잘 참여하는 학생입니다. 어느 날 조회를 마치고 동민이와 담임선생님이 대화를 나누던 중, 동민이의 팔에서 멍 자국을 발견하게 되었습니다. 멍 자국에 관해서 동민이에게 묻자 범호와 장난을 치면서 생긴 멍인 것 같다고 표현하였습니다. 범호는 평소에 동민이와 노는 학생은 아니고, 체육을 잘하고 친구들이 많아서 학급 내에서도 인기가 많은 학생이었습니다. 범호를 따로 불러내어 동민에 관해서 묻자, 범호는 "걔가 뭐라 그래요? 저희는 장난인데요?"라고 말했습니다. 담임선생님은 어떻게 말하면 좋을지 걱정이 되었습니다.

　학급 내에서 장난과 폭력적인 행동 그사이의 모습을 보이는 학생들을 만나곤 합니다. 이런 행동을 보일 때, 이걸 장난으로 생각해야 할지 폭력으로 생각해야 할지 선생님들로서는 난감해집니다. 이런 경우에는 우선 학생들을 각자 만나 서로 현재 상황에 관한 생각을 확인하는 것이 중요합니다. 동민이에게는 범호의 장난이 심하지 않은지, 불편하지 않은지, 변화되었으면 하는 부분은 없는지 확인해 보는 것입니다. 범호에게도 이 장난이 심하다고 생각하지 않는지 동민이의 팔에 멍이 발견된 것에 대해서도 알릴 필요가 있습니다. 만약 두 학생 모두 장난으로 생각하고 있으며 이후에 이러한 일이 반복되지 않겠다고 약속한다면 다음과 같은 기술을 사용해 볼 수 있습니다.

　범호에게 시도해 볼 기술은 자신이 친구들을 대상으로 어떤 행동을 하고 있는지 확인하고 변화할 부분이 있는지 생각하는 것입니다. 학급에서 인기도 많고 영향력을 많이 미치는 학생일수록 또래 학생들을 향해 공격적인 태도를 주로 사용하는 경우가 있습니다. 때로는 자신이 공격적인 태도를 취한다는 사실을 모르고 있기도 합니다. 같은 학급 친구들도 힘과 체격의 차이로 인해 범호와 같은 학생들에게 불편을 토로하지 않기 때문입니다. 그러므로 학생 스스로 대인관계를 어떻게 만들고 싶은지 안전한 대인관계는 무엇인지 정의를 함께 내리는 것을 먼저 해 봅니다.

"동민이 팔에 멍이 들었어. 이건 안전하지 않아. 동민이뿐만 아니라 학급 친구들과 안전하게 지내려면 어떻게 지내야 할까?"

안전하면서도 즐겁게 지내는 방법을 함께 정한 뒤에는 노력하는 것이 중요함을 알립니다. 그리고 안전하게 지내려고 노력하다가도 친구들과 오해가 생길 수도 있습니다. 또는 실수로 상대에게 피해를 주기도 합니다. 그럴 때는 빠른 사과를 할 수 있어야 합니다. 사과하고 그 이후 책임지기를 할 수 있도록 지도해 주세요. 어떻게 책임을 질 수 있을지 고민하는 시간이 필요합니다. 스스로 책임을 지는 방법에 대해서 생각하면서 다시 이런 실수를 반복하지 않을 수 있도록 돕는 것입니다.

○ 친구의 반응을 1분 이상 기다려 주기
○ 친구의 팔을 잡고 장난칠 때 거부하면 바로 멈추기

○ 사과한 뒤 이후에 반복하지 않는 것

○ 친구의 거부 반응에 노여워하지 않는 것

○ 친구의 물건에 피해를 준 경우 보상하기

그리고 동민이의 경우에는 불편할 때 거절할 수 있어야 합니다. 범호가 멍이 들 정도로 장난을 쳤을 때 동민이의 거절이 명확히 있어야 자신을 지킬 수 있기 때문입니다. 그러므로 불편한 장난에는 상대가 알아차릴 수 있을 만큼 거절할 수 있도록 선생님과 거절을 연습해 봅니다. 장난이지만 불편감을 느꼈을 때는 상대방도 알아차릴 수 있을 만큼 표현해야 상대방도 이후에 반복하지 않을 수 있습니다.

그리고 학급 내 학생들 대상으로 학교폭력 예방교육을 해야 합니다. 장난과 폭력 사이에 있는 일이 일어나는 경우 선생님도 어떻게 대응해야 할지 난감하지만, 그것을 보는 학급 학생들도 마찬가지입니다. 그러므로 학급 학생들의 학교폭력에 대한 민감도를 높이기 위해서 학교폭력 예방교육을 진행하고 작은 장난도 상대방이 불쾌하거나 원하지 않는데 계속 진행한다면 학교폭력의 범주에 들어갈 수 있다는 것을 안내해야 합니다. 상대방이 불편해하면 멈춰야 한다는 것을 교육하고 지도하는 것이 필요하며, 학생을 이해하는 것만으로 모든 것을 해결할 수 없습니다.

실제로 학교폭력 자료[1]를 개발할 때 법 교육을 하자는 의견이 많았습니다. 사실 폭력적인 행동을 하기 전에 폭력적인 행동의 결과를 아는 것은 중요합니다. 폭력적인 행동의 결과가 어떤지를 안다면 학생들이 다른 행동을 취할 수 있기 때문입니다.

마지막으로는 선생님의 진심을 알려주는 것입니다. 학교폭력에 대한 선생님의 마음과 다시 이런 상황이 재발하지 않았으면 하는 것을 전달해 주세요. 특히 학생이 학교폭력으로 인해 어려움을 겪지 않았으면 하는 선생님의 마음을 전달하는 것이 좋습니다. 2024년 3월부터 학교폭력 조치사항이 학생생활기록부의 '학교폭력 조치사항 관리'란에 따로 기재 될 뿐만 아니라 가해 학생 졸업 후 4년간 보존되는 등 학교폭력에 대한 경각심이 높습니다. 이런 사항에 대해 학생에게 알린다면 학생이 장난이라고 생각할지라도 다시 이런 행동을 하지 않을 것입니다.

하지만 동민이가 피해를 호소하고 있고 장난을 넘어선 것이 맞다고 말한다면 학교폭력 신고가 필요한 순간입니다. 이런 경우에는 범호가 장난이라고 하더라도 학교폭력 절차

---

1) 학교폭력 특별교육 프로그램 운영 안내서. 충청남도교육청. 2023

를 통해 동민이를 보호하고 범호를 지도해야 합니다. 범호가 장난이었다는 말로 넘어가려고 하더라도 선생님께서는 단호하게 설명해야 합니다. 즐겁게 지낼 수는 있지만 상대방이 불편한데도 계속된다면 이것은 학교폭력이 될 수 있음을 확실히 말씀해 주시고 절차대로 진행하시면 됩니다.

지금까지 사례를 통해 대인관계 기술을 알아보았습니다. 자기 모습도, 동료 선생님의 모습도, 우리 학교 학생의 모습도 있었을 것입니다. 관계는 기술입니다. 기술들을 선생님의 생활에 접목해 보면 좀 더 원만하고 편안하게 관계가 진전되는 것을 느낄 수 있을 것입니다.

4장.

우리가 만드는
든든한 울타리

우리는 교육'공동체'

　학교 상담이란 학생들에게 씨앗을 심는 일입니다. 상담을 했다고 해서 학생의 변화가 '짠!'하고 나타나는 것이 아니라, 성장이 당장 보이지 않을 수 있고 때로는 기다림이 필요하기 때문이지요. 우리는 학교 상담을 통해 학생이 가지고 있는 씨앗을 잘 키워낼 수 있도록 돕는 역할을 해나가고 있습니다. 씨앗이 가진 잠재력은 무궁무진하고, 어떻게 키워내느냐에 따라 다른 결과를 얻을 수도 있습니다.

　씨앗이 잘 자라기 위해서는 어떤 환경이 필요할까요? 토양이 건강해야 하고, 적당한 양의 햇빛과 바람이 필요합니다. 또 주기적으로 물을 줘야 하고 자라서 새싹이 되면 이 새싹의 상태에도 관심을 가져야 합니다. 학교 상담도 마찬가지입니다. 학생을 둘러싸고 있는 환경에 관심을 가지고 함께 조율해 나가야 합니다. 어느 하나만 잘 준비되어 있다고 씨앗이 잘 자라지는 않는 것처럼 다양한 환경을 조성해 주는 것은 중요한 부분입니다. 이 중에 우리가 변화시킬 수 있는 부분이 있다면 금상첨화겠지요.

이번 장에서는 학생들의 주변에서 영향을 줄 수 있는 사람들에 대한 이야기를 나눠보려고 합니다. 학생들 주변에서 든든하게 버텨주고 있는 것은 바로 '선생님'과 '보호자'입니다. 이들을 든든한 울타리라고 표현하고, 이 울타리를 견고하게 만드는 방법에 대해 이야기해 보도록 하겠습니다.

우리만 할 수 있는 것

민경이는 중학교 1학년으로 평소 공부도 열심히 하며 친구들과도 잘 지내던 학생입니다. 그런데 엄마가 교통사고로 인해 장기간 입원하게 되었습니다. 시간이 지날수록 민경이는 수업 시간에 점점 엎드려서 잠을 자고, 친구들과 자주 다투기도 하였습니다. 준비물도 자주 빠뜨리고, 수업에 잘 참여하지 않아 교과 선생님들께 "너 요즘 왜 그러냐?"며 꾸지람을 듣기 일쑤였습니다. 주변 선생님들의 반응에 더 의기소침해진 민경이는 무기력해져 갔습니다.

이런 민경이의 담임교사라면 어떻게 행동할 수 있을까요? 우선 민경이와 이야기를 나눠 볼 것 같습니다. 현재 어떤 것이 어려운지 앞으로 학교에서 어떻게 지내는 것이 도움이 될지 등을 말이에요. 그런데 상담만 해서는 민경이를 보는 주변의 시선이 나아지질 않을 것 같습니다. 민경이가 힘들어하는 주된 이유는 엄마가 집에 계시지 않아 걱정스러운 마음과 갑자기 바뀐 가정환경에 적응하기 어려운 것들이지요. 담임교사는 민경이의 상황을 알아서 이해할 수 있지만, 이 상황을 모르는 다른 교사들은 수업 시간에 누워 있으려 하고 숙제도 해오지 않는 민경이를 이해하기 어려웠을 겁니다.

민경이를 돕기 위해 '함께 소통하기'를 하면 어떨까요? 교사들과 함께 민경이의 사례를 공유하고 도움을 청하는 것입니다. 민경이에게 일단 "너를 돕기 위해 요즘 상황을 다른 선생님들과 함께 이야기해 보겠다."라고 동의를 얻은 후 협의를 시작할 수 있습니다. 담임교사는 교사들과 협의할 수 있는 장소와 시간을 확보하고 이야기를 진행했습니다. "지금은 민경이 엄마가 장기 입원 중이라서 집에서 몸과 마음을 보듬어주는 보호자가 부재한 상태입니다.", "갑작스러운 가정환경의 변화로 학교에서도 적응에 어려움을 겪고 있는 것 같습니다." 등의 이야기로 현재 민경이의 가정환경과 상태 등을 공유한 것이지요. 그리고 보호자의 수술이 잘 끝나 얼마간의 입원 후면 가정으로 돌아온다는 말도 덧붙였습니다.

이 이야기를 들은 교사들은 "어머, 난 그것도 모르고 표정 좀 풀고 다니라고 했네요.", "어쩐지 민경이가 요즘 집중을 못 하는 것 같았는데 이런 이유가 있었군요." 등의 이야기를 하며 민경이를 이해해 갔습니다. 민경이의 가정환경이 나아질 때까지 다 함께 격려하고, 기다려 주기로 합의한 교사들은 민경이를 돕기 위한 다양한 방안을 함께 탐색했습니다. 준비물이나 과제가 있을 때 한 번 더 안내해 주기, 수업 시간에 엎드려 있지 않고 잘 들었을 때 칭찬하기, 기본적인 위생이 잘 되고 있는지 체크하기, 민경이가 지나갈 때 반갑게 인사해주기 등 세세하면서도 따뜻하게 민경이를 대할 수 있는 방법을 이야기했습니다. 또한 몸이 아플때는 보건실에 가서 적절한 치료를 받고, 마음이 아플때는 상담실에서 상담을 진행하기로 하였습니다. 회의에 참여한 선생님들은 자신이 할 수 있는 역할을 파악하고, 같은 목표를 가지고 한 방향으로 움직이기로 한 것입니다.

이처럼 선생님들이 모여서 학생 지도에 대해 소통하는 것은 중요합니다. 함께 일관된 방향으로 학생을 지도할 수 있는 방법을 찾고 공유하면 학생의 어려운 상황을 극복해나갈 가능성이 커집니다. 학교 상담에서 학생 개인과 1:1로 상담하는 것과는 다른 방향으로 힘이 될 수 있습니다. 안전한 환경을 함께 조성해주는 것이지요. 학교 구성원이 함께 학생을 바라보고 이 학생이 학교에 있는 동안이라도 편안하게 자신의 정서를 돌보고 힘을 얻을 수 있게 지원해주는 역할을 해야 합니다. 이것이 바로 학교에서 우리만이 해낼 수 있는 일입니다.

함께, 10분 티타임

사실 학교 현장에서는 매 순간 일분일초가 쉬지 않고 흘러갑니다. 현실적으로 위와 같은 민경이의 예시가 어렵게 느껴질 수도 있습니다. 수업하랴, 업무 처리하랴 바쁜데 어떻게 매번 모든 교사가 모여서 학생에 대한 지도 방향을 논의할 수 있겠어요? 무수히 많은 일을 처리하다 보면 협의할 시간을 확보하기조차 어려울 때가 있습니다.

이럴 때는 티타임을 활용해보세요. 차를 마시며 한숨 돌리고, 학생을 위해 도울 방법을 몇 명의 선생님이 모여 아주 짧게 나누는 겁니다. 이 시간엔 서로에 대한 지지를 해 줄 수도 있습니다. 선생님 스스로의 마음을 챙기는 것 또한 정말 중요하기 때문이지요. 경험이 많고 노련한 선생님들은 학생들 얼굴만 봐도 그 학생이 어떤 상황인지 귀신같이 알아챕니다. 또 해결이 필요한 다양한 일들에 지혜로운 의견을 보태 학생과 학교를 안전하게 만들기도 합니다. 주변의 믿을 만한 동료들과 함께 이야기를 나누는 것은 많은 도움이 됩니다.

초아는 습관적으로 10시에 등교합니다. 전날 늦게 잠을 자서 아침에 일어나지 못한다고 합니다. 담임선생님은 초아가 무단지각을 하지 않도록 여러 번 상담을 하고, 보호자에게도 연락을 취했습니다. 심지어 아침에 모닝콜까지 해주기도 하였습니다. 하지만 초아의 지각은 쉬이 나아지지 않았습니다. 지각 표시가 늘어만 가는 출석부를 본 담임선생님은 지쳤습니다.

이 힘든 마음을 옆 짝꿍 선생님, 학년 부장님과 함께 티타임을 이용해 나눠보았습니다. 선생님들은 '학급에 출결이 잘되지 않은 학생이 있으면 참 힘들다.'고 담임선생님의 상황에 공감과 위로를 건넸습니다. 그리고 초아를 도울 방법을 잠시나마 함께 고민하였습니다. 초아가 일어나는 시간 말고 잠드는 시간을 조절해 볼 수 있도록 하는 건 어떤지, 잘 때 어떤 활동을 주로 하면서 자는지 확인해 보는 방법 등 학생 지도에 좋은 아이디어를 얻을 수 있었습니다. 더불어 초아를 위해 최선을 다하는 담임선생님의 노력에 진심 어린 격려를 해주었습니다. 담임선생님은 마음 상태를 공유하고 나니 조금은 마음이 가벼워진 것 같았습니다.

우리가 학생을 도울 때 혼자 고군분투하는 것이 아닌, 다른 사람들과 함께해 나간다는 느낌을 받는 것은 중요합니다. 어느 특정 교사 혼자 학생을 맡아서 책임질 수는 없습니다. 모두 우리 학교의 학생이고, 서로 각자 자신의 영역에서 도움을 줄 수 있는 부분이 있으니 어려운 학생을 만났다면 꼭 주변에 도움을 요청하세요. 함께 나누고 대화를 통해 어떤 부분을 도와주면 좋을지 집단지성의 힘을 빌려 고민해 봅시다. 때로는 이 학생을 위해 애쓰는 사람들이 많고, 나도 이 중 일부라는 생각은 가장 먼저 내 마음을 편하게 해줍니다. 이는 자연히 학생에게도 긍정적인 영향을 줍니다.

다만, 도움이 되지 않는 것

"학생 때문에 힘들어 죽겠다."
"걔 원래 그래요. 작년 선생님도 너무 힘들었다잖아요."
"어제 A랑 B랑 사건 난 거 알아요?"

학생에 대한 뒷담화처럼 푸념이나 학생에 대한 부정적인 말만 늘어놓는 것은 서로에게 도움이 되지 않습니다. 말을 한 선생님도 기분은 계속 좋지 않고, 들은 선생님도 딱히 도움을 줄 방법이 없기 때문이지요. 그리고 부정적인 감정은 그대로 전염된다고 하지요? 학생에 대한 부정적인 이야기를 들은 선생님도 그 학생을 바라보는 눈이 곱지 않아질 수 있습니다.

또한 급식실이나 교무실같이 공개적인 장소에서 아무 때나 이야기하는 것은 도움이 되지 않습니다. 이야기가 단순히 가십으로 전락하고, 주변에 누군가 들으면 학생이나 선생님 모두 위험해질 수도 있기 때문이지요. 특히 비밀 보장에 대한 부분을 주의해야 합니다.

민경이의 사례로 돌아가서 담임선생님이 민경이에게 엄마가 입원한 사실을 다른 선생님들께 이야기하겠다는 사실을 알리지 않고 협의를 시작했다고 생각해 보죠. 이 이야기를 들은 다른 선생님들은 안쓰러운 마음에 지나가는 민경이를 보고 "엄마가 입원해 계셔서 얼마나 힘들겠니. 힘내라 민경아."라는 말을 전했습니다. 이 말을 들은 민경이는 얼마나 황당할까요? 민경이는 자신의 가정사를 다른 선생님에게 알리는 걸 원치 않았을 수도 있는데 말이에요.

주변에서 이런 경우를 종종 보게 됩니다. 비밀 보장과 관런된 부분은 신뢰와 직결되어 있기 때문에 매우 중요합니다. 따라서 학생에 대한 중요한 이야기를 나눌 때는 그 학생에게 다른 선생님들과 미리 이야기를 나누겠다고 알려주어야 합니다. 또는 가명을 사용하여 고민되는 상황만을 이야기할 수도 있으며, 그 학생에게 아는 척을 하지 말아 달라고 먼저 얘기해 놓을 수도 있습니다.

이 부분에서도 서로의 협력과 지지가 중요하게 자리합니다. 어떻게 하면 학생이 학교생활을 더 잘할 수 있는지에 대한 목표를 가지고 이야기를 나눠야 한다는 점을 잊지 말아야 합니다. 또한 학생에 대한 성장 계획을 함께 세운다는 마음으로 주변 선생님들과 서로를 돌보는 시간을 꼭 가지시길 바랍니다.

방법을 함께 고민하기

2년 차 교사인 찬호 선생님은 고민이 생겼습니다. 작년에 가르쳤던 학생과 지나가는 길에 이야기를 나누었는데, 그 학생의 팔에 자해를 한 상처를 발견했기 때문입니다. 깜짝 놀라기도 하고 걱정스러운 마음에 "팔에 이게 뭐냐?" 라고 물어보니 "저 답답할 때마다 이렇게 팔에 그어요. 이미 선생님들도 다 알아요." 라고 이야기하고 유유히 지나가 버렸습니다. 당황스러운 마음에 알아보니 이 학생은 이미 위기관리위원회도 열렸고, 해당 학년 선생님들은 알고 있는 위기 학생이었던 것입니다. 찬호 선생님은 작년에는 괜찮았던 학생이 이렇게 어려움을 겪고 있다는 게 걱정이 되어 위(Wee)클래스 상담교사를 찾아갔습니다.

찬호교사: "선생님, 학생이 자해한 걸 저도 봤어요. 이미 위기관리위원회는 열렸다고 들었는데, 제가 앞으로 어떻게 이 학생을 대하는 게 도움이 될까요? 제가 함께 할 수 있는 게 있을까요?"

상담교사: "와, 선생님 학생이 걱정되어 이렇게 이야기하러 와주셔서 감사해요. 학생의 행동은 자신의 감정을 조절하기 위한 하나의 방법인것 같더라구요. 저와 상담을 하며 감정을 조절하는 다른 방법들을 연습하고 있어요. 선생님께서는 담담하게 대해 주시고, 자해에 대한 언급보다는 좀 더 잘하고 나아진 점이 있으면 그 이야기를 나눠보시는 것도 좋을 것 같아요. 선생님의 마음이 학생에게도 전해졌으면 좋겠어요."

상담 선생님은 찬호 선생님에게 자해는 학생이 어려운 마음을 조절하기 위해 하는 행동이라는 것을 안내하였습니다. 그리고 놀라지 말고 차분하게 학생을 대하는 것이 중요하다는 점을 설명해 주었습니다.

우리는 각자 맡은 역할과 전문적인 영역이 다릅니다. 작년에 학생을 가르친 선생님, 전문 분야(학적이나 학교폭력 등)의 업무를 담당하는 선생님, 학생의 마음건강이 고민이 되면 상담 선생님 등 해당하는 선생님에게 고민을 이야기하고 도움을 청할 수 있습니다. 서로 가진 전문지식을 나누고, 학생을 위한 방법을 함께 고민할 때 더 좋은 해결책이 나오기 때문입니다. 학생을 돕고 싶은 마음을 가지고, 지금 내가 할 수 있는 일을 찾고 해나가는 것이 중요합니다. 주변 학생의 일에 세심하게 관심을 가지고, 학생을 돕기 위한 노력을 함께 해나가는 것이 필요한 순간입니다.

따뜻한 말 한마디의 경험

요즘 우리, 참 많이 힘들죠? 학교에서 한시도 쉴 틈이 없습니다. 수업 준비는 기본이고, 담당 업무, 학생 생활지도, 보호자 상담, 동료 선생님과의 관계 등에서 다양한 역할을 요구받습니다. 특히 교사에게 높은 기대와 책임을 요구하는 사회적 분위기 속에서 교사들은 지쳐가고 있습니다. 이를 흔히 소진이라고 말하기도 합니다. 소진의 사전적 정의는 '다 써서 없앰'이라고 합니다. 신체적으로 정신적으로 에너지가 고갈되어 버린 상태인 것이지요. 소진을 알아차릴 수 있는 신호로는 학생들과 거리를 두고 냉담하게 대하고, 수업 준비나 생활지도에 열의가 없어지고, 회피하고 싶은 마음이 들 때입니다. 소진을 느끼는 교사는 학생들에 대한 일에 지쳐서 귀찮게 생각하거나 교직을 아예 떠나려는 생각까지 할 수 있습니다.

우리의 마음이 소진되지 않도록 자신을 잘 챙기고 돌보는 것은 매우 중요한 부분입니다. 소진된 상태를 극복해내는 효과적인 방법으로 동료의 지지만 한 게 없습니다. 서로 간의 격려와 지지는 학생을 돕는 데 큰 힘이 되기 때문입니다.

"선생님, 뛰어난 학생들이 많은 학교에서 수업 준비와 생활지도로 마음에 부담이 많으실 것 같아요. 좀 더 시간이 지나면 선생님만의 경험으로 잘 해내실 수 있을 거에요! 힘든 마음 훌훌 털어버리시고, 교직 생활이 좀 더 행복해지시길 바랍니다."
"늘 괜찮다며… 힘이 되는 말을 해주셔서… 진심으로 감사해요…. 우리 학교 아이들도, 담임인 저도 선생님 같이 따뜻하고 진정성 있는 상담 선생님을 만난 걸 보니 복이 많네요. ^^ 벚꽃 지기 전에 가족분들하고 나들이도 가시고 즐거운 연휴 보내세요~~ 감사합니다."

위와 같은 쪽지를 받으면 없던 힘도 절로 샘솟습니다. 힘들었던 마음이 사르르 녹는 기분을 느끼기도 합니다. 선생님들도 경험한 적 있으시죠? 동료가 마음을 담아 놓은 책상위의 음료수, 감사함을 전하는 소소한 쪽지 등 따뜻한 배려와 토닥임은 지금도 교무실 곳곳에서 일어나고 있습니다. 이러한 연대는 안전한 환경을 유지하고 싶은 또 하나의 이유가 되기도 합니다. 서로 마음을 돌보며 지지하는 일은 우리가 꼭 함께 해나가야 하는 일입니다. 결국 이 마음은 학생들에게 안전하게 돌아가기 때문이지요. 동료 선생님들간의 따스한 말 한마디는 지친 우리에게 줄 수 있는 가장 큰 피로회복제입니다.

전문가에게 연계하기

학생들과 지내는 과정 중에 어떤 부분은 경험과 전문적 지식을 필요로 할 때가 있습니다. 상담 지원이 필요한 학생이 발견되면 위(Wee)프로젝트를 떠올려주세요. 특히 고위험군 학생에 대한 개입은 상담 전문가와 함께 진행해야 합니다. 학생들의 특성에 따라 때로 위험한 상황이 펼쳐질 수도 있기 때문이지요. 따라서 위(Wee)클래스 또는 위(Wee)센터 문을 두드리는 것에 주저하지 마세요. 상담을 요청하는 선생님들이 간혹 하시는 말씀이 있습니다. "선생님, 바쁘실 텐데 또 학생을 의뢰해서 죄송해서 어떻게 해요." 그럼 항상 말씀드립니다. "선생님, 학생 상담하려고 제가 여기 있는걸요. 전혀 죄송해하지 않으셔도 됩니다. 편하게 의뢰해 주세요."

학교 상담은 학생들의 학교생활을 지원하고자 하는 분명한 목적을 가지고 있습니다. 이러한 학교 상담 지원을 위해 교육부는 위(Wee)프로젝트 사업을 진행하고 있습니다. 위(Wee)프로젝트는 학교안전통합지원망으로 2008년부터 시작된 이후 현재까지 이어지고 있어 학교에 상담 선생님이 있다는 사실은 교과 선생님들, 보호자, 학생들에게 제법 익숙한 일이 되었습니다. 위(Wee)클래스뿐 아니라 위(Wee)센터, 위(Wee)스쿨도 있다는 사실 또한 알고 계신가요? 학생을 위한 종합심리안전망인 위(Wee)프로젝트에 대한 설명을 잠시 해보려 합니다.

1차 안전망인 위(Wee)클래스는 학교 내에 설치되어 있는 상담실입니다. 익숙하고도 낯선 위(Wee)클래스는 학생들의 행복하고 즐거운 학교생활을 위해 배치된 전문상담교사들이 일하는 상담실을 의미 합니다. 학생들의 마음이 힘들때 언제든 가서 따뜻한 위로와 지지를 받고, 학생의 심리적인 어려움을 함께 해결할 수 있도록 도움을 받는 곳이기도 하지요. 주로 학생들이 학교에서 겪을 수 있는 다양한 문제를 초기에 대처하기 위해 상담을 진행합니다. 또한, 학생들의 사회·정서 역량을 기르기 위한 교육 프로그램 등을 운영하고 있습니다.

2차 안전망인 위(Wee)센터는 전국 교육지원청에 설치되어 있습니다. 좀 더 다각도로 지원이 필요한 학생들을 위해 상담, 임상심리, 사회복지 등의 전문인력이 팀이 되어 학생의 어려움에 체계적으로 대응하고 있는 곳입니다. 지역사회의 다양한 심리·정서 관련 기관과 연계하여 심리평가, 상담, 치유 등의 서비스를 제공하고 있습니다. 뿐만 아니라 학생 보호 중심의 가정형 위(Wee)센터, 치료 중심의 병원형 위(Wee)센터도 존재합니다.

3차 안전망인 위(Wee)스쿨은 시·도교육청에 설치된 중·장기 위탁 기관입니다. 장기적으로 치유가 필요한 고위기군 학생들을 위해 다양한 지원을 합니다. 위탁교육을 통해 집중적인 학생상담, 적응력 향상을 위한 프로그램, 직업교육 등을 제공하여 궁극적으로 학생이 학교에 복귀하고 적응할 수 있도록 도움을 줍니다.

(참고: 여성가족부. 2023 청소년백서)

위(Wee)프로젝트 자체가 정서적으로 어려움이 있는 학생들을 원스톱으로 돕기 위해 생겨난 제도입니다. 학생들이 학교에서 겪을 수 있는 여러 가지 심리·정서적 어려움을 해결하는 상담사업들이 늘어나는 것을 보면서 학교에서 상담의 역할이 커졌다는 실감이 날 때가 많습니다. '학생과 선생님을 보호하기 위한 일'이라는 마음으로 편안하게 찾아주세요. 전국 시·도별 이용 가능 기관은 검색창에서 쉽게 검색이 가능합니다. 우리가 모두 함께한다는 마음으로 든든한 울타리를 만들어갈 수 있었으면 좋겠습니다.

연계 그 후, 선생님이 할 수 있는 것!

정서적인 어려움을 가진 학생을 상담관련 기관 또는 치료기관에 연계했다면, 그 후에 학교에서는 무엇을 하면 좋을까요? 바로 '모니터링입'니다. 모니터링이란 학생의 평상시 변화나 태도 등을 관찰하는 것을 말합니다. 연계 기관은 주기적으로 학생을 만나 전문적인 치료적 개입을 해나가지만, 일상을 함께 하는 것은 아닙니다. 즉 그 학생은 학교에서 계속 생활하며 우리와 함께 일상을 살아가지요. 따라서 학생이 학교에서 어떻게 변화해가는지 관찰하고 도움이 필요한 부분은 없는지 등을 지켜보고 함께 공유해야 합니다.

학생을 연계할 수 있는 기관은 매우 다양합니다. 위에서 이야기한 위(Wee)프로젝트 관련 기관 뿐 아니라 일반 상담센터에 학생을 연계할 수도 있고, 병·의원에 의뢰할 수도 있습니다. 또한 정서적인 어려움이 있는 학생을 위한 다양한 제도들(대안위탁교육이나 학업중단숙려제 등)을 활용하여 학교 밖 자원과 연계할 수 있습니다. 중요한 것은 이러한 전문기관에 학생을 연계한 후, 우리가 할 수 있는 것들에 대해 생각해 보는 것입니다.

모니터링의 구체적인 방법을 무엇일까요? 기본적으로 아래와 같은 사항을 확인하면 도움이 됩니다.

첫 번째로 학생이 해당 기관의 프로그램에 참여했는지 지속적으로 확인합니다. 이는 가장 기본적이면서도 중요한 부분입니다. 심리치료는 한두 번 받는다고 해결되는 것이 아니지요. '꾸준함'이 있어야 합니다. 학생의 변화를 기다리고 문제를 해결하기 위해서는 일단 연계된 곳에 학생이 잘 가야 합니다. 더구나 학교 일과 중에 연계 기관에 다닌다면 학생의 출결 체크와도 관련된 부분일 수 있습니다. 따라서 주기적으로 학생이 기관에 잘 가고 있는지 관심을 가지고 출석 여부를 꾸준히 확인해야 합니다.

두 번째로 연계 기관 담당자와 자주 소통합니다. 학생이 학교생활에서 보여지는 특징들을 관찰하였다가 담당자와 이야기를 나누는 것이 도움이 됩니다. 예를 들어 학생이 수업 시간에 자주 누워있는다거나, 지각이나 결석을 하는 것 등 특이점이 있다면 알려주시는 것이 좋습니다. 기관에서 알아야 할 학교생활의 관찰 장면이나 특이사항 등을 해당 기관과 연락을 취해 상황을 공유하는 것이지요. 그럼 해당 기관에서 학생이 당면한 어려움이 무엇인지 파악할 수 있고, 치료 목표 설정에도 도움이 됩니다.

세 번째로 변화 정도를 공유합니다. 단순히 학생의 어려움과 문제, 또는 관찰내용만을 공유하는 것이 아니라 연계 전후로 변화된 부분에 대해 이야기를 나누는 것입니다. 학생이나 보호자가 심리치료에 호의적이고 열심히 연계 기관에 다닌다면 점차 학교생활에서도 나아지는 모습을 보실 수 있습니다. 반면에, 연계기관에 다니더라도 상황이 더 어려워지는 경우도 있습니다. 혹시 다른 치료나 다른 부분에서 지원이 필요한지 등을 함께 이야기 나누면서 파악할 수 있습니다.

마지막으로 비밀 보장과 관련된 부분을 미리 확인해야 합니다. 사전에 보호자와 학생에게 연계 기관과 위와 같은 상황을 공유한다는 것을 알리고, 동의를 받은 후 실시하는 것이지요. 학교 밖과 학교 안에서 서로 협력하여 학생의 상황을 공유하다 보면 더 긍정적인 방향으로 나아갈 수 있습니다. 이는 학생을 위해서도, 그리고 선생님을 위해서도 꼭 필요한 부분입니다. 연계가 끝이 아니라는 점을 기억하고 함께 지속적으로 확인하고 튼튼한 끈을 유지하는 것이 필요합니다.

'함께'라는 연대감

선생님의 힐링팀은 누구인가요?

"선생님 오늘 하루 무탈하게 잘 보냈어요?"

"저 오늘 너무 힘드네요~"

"와, 선생님 오늘 진짜 애썼네요. 집에 가서 맛있는 거 꼭 챙
겨 먹어요. 고생했어요."

학생들과 하루를 잘 보낸 후에도 퇴근길에 기운이 쏙 빠
질 때가 있습니다. 마치 다 타버린 것처럼 힘이 쭉 빠지고
에너지를 다 쓴 느낌이 든 적이 있으신가요? 저는 그런 느
낌이 들 때면 늘 통화 버튼을 누릅니다. 따스한 우리 상담
힐링팀 선생님들에게 말이에요.

어떤 힘든 일이 있었는지, 그리고 또 얼마나 황당한 일

이 있었는지 등을 신나게 쏟아내고 나면 마음이 후련해집니다. 심리학 용어로는 '정화의 효과'라고 부르기도 하지요. 쌓아뒀던 자신의 감정을 털어놓으면서 마음이 시원해지고 리셋되는 경험을 다들 한 번쯤은 해보셨을 거예요. 이 시간은 없어서는 안 되는 소중한 시간입니다. 힐링팀 선생님들과 대화를 통해 스트레스를 날려버리고 또 힘을 내 볼 용기를 얻곤 하거든요.

단순히 털어놓는 것뿐만 아니라 각자의 고민을 새로운 시각으로 볼 수 있는 기회가 되기도 합니다. '내가 오늘, 이래서 힘들었는데 말하다 보니까 그래도 해야 할 조치는 다 취한 것 같아서 다행이에요.', '내일 가서는 이런 방향으로 한번 학생이랑 상담을 해봐야겠어요.' 등 이야기하다가 스스로 '아하'라는 통찰을 얻을 때도 있고 생각 정리가 됩니다. 또 진심 어린 위로로 마음의 위안을 받기도 합니다. 이게 바로 동료의 힘 아니겠어요? 다른 친구들이나 가족들은 학교에서 일을 하지 않으면 학교의 환경을 알기 어렵습니다. 그래서 같은 이야기를 해도 이해를 못 받았다고 느낄 때가 종종 있지요. 하지만 함께 근무했던 동료나 같은 과목을 가르치는 선생님들과는 말을 하지 않아도 이해가 되는 부분이 많습니다. 그래서 속 시원히 털어놓기가 더 쉬운 것 같습니다.

이제 학교 안이 아닌 밖의 울타리에 대해 알아보려고 합니다. 학교 밖에서도 선생님을 응원하고, 또 함께 발전할 수 있는 동료들에 대한 이야기입니다.

모이면 시작이고 유지되면 성공이다!

우리가 마라톤을 할 때, 혼자 달리기를 하는 것보다 함께 뛰는 사람들이 있을 때 더 힘이 난다고 하지요. 그래서 혼자 연습할 때보다 마라톤 대회에 나가서 사람들과 함께 달릴 때 더 좋은 기록이 나오는 것 같습니다. 또 공부를 할 때도 혼자 집에서 하는 것보다 독서실에 가서 사람들과 함께 앉아 공부를 하면 좀 더 집중이 잘 된 경험이 있으실 거예요.

이렇게 집단으로 함께 할 때 더 성과가 좋은 것은 심리학적으로도 설명이 가능합니다. 바로 '사회적 촉진 효과'입니다. 사람은 집단 속에 존재할 때와 혼자 있을 때 다르게 행동한다는 개념으로, 집단 속에 있을 때 특정 행동이 더 강화된다는 것을 설명하는 이론입니다. 예를 들어, 근로자들이 일을 할 때 같은 종류의 일을 하는 다른 사람들과 함께 일을 수행한다면 집단의 자극으로 인해서 혼자 일할 때보다 더 높은 성과를 낸다고 합니다.

우리가 학교에서 잘 지내기 위해 노력하는 모든 영역도 마찬가지입니다. 학생을 돕기 위해 어떻게 말하는 것이 좋은지 교무실에서 혼자 고민하는 것보다 동료들과 함께 나누는 것이 도움이 됩니다. 중학교에 있는 소라 선생님은 학생들과 대화를 더 잘하고 싶어서 다른 학교 선생님들과 함께 모이기로 하였습니다. 대화법을 혼자 공부하고 연습하는 것보다, 관련 연수에 가서 다른 선생님들이 공부하는 것을 보고 자극을 받게 된 것이지요. 소라 선생님의 행동은 사회적 촉진 효과를 몸소 활용한 것입니다. 그리고 학생들의 생활지도를 어떻게 해나가야 하는 것이 효과적인지 함께 이야기 나눴습니다. 이 모든 것이 학생들을 교육할 때 나만의 강점을 살리고, 자신만의 도구를 갖기 위한 노력의 일환인 것 같습니다.

학교 선생님들과의 협력도 중요하지만 이처럼 학교 밖 선생님들과의 모임이 도움이 될 때가 있습니다. 관련 선생님들과의 학교 밖 모임은 집단에 내가 소속되었다는 만족감을 느낄 수 있고, 다양한 전공 관련 지식과 자료를 얻어 전문성을 향상시킬 수도 있는 기회가 됩니다. 이는 스스로를 안전하게 지키고 성공적인 상담으로 이끄는 첫 번째 단추입니다.

성장동아리의 시작

초임 교사 시절에 선생님들이 모이는 단체에 가는 것을 꺼렸던 때가 있었습니다. 직장생활을 하는 데 어려움이 없는 사람이 어디 있나요? 모여서 현재의 어려움들만 쏟아낼 것 같았고, 그렇게 되면 마음만 힘들어질 것 같아서 여러 선생님들이 모이는 자리는 피하기도 하였습니다. 모든 직장인들이 직장생활을 하면서 겪게 되는 저마다의 어려움이 있듯, 교직 생활도 마찬가지일 것이라 생각하며 버텼습니다. '아직 초임이니까 학생들을 만나고 상담을 하는데 어려움이 있을 수도 있지!', '업무가 어려운 건 나만 그런 건 아닐 거야!'라는 생각으로 마음을 다잡았지요.

그렇게 하루하루를 보내고 있었는데, 한 선생님으로부터 이런 이야기를 듣게 되었지요.

"그 학생은 상담을 받아도 별로 변화가 없네요."

이 말을 듣게 된 이후, '내가 상담교사로서 실력이 부족한 가?', '만약 나보다 상담을 더 잘하는 선생님이 만났더라면 어땠을까?'하는 고민이 시작되었어요. 경력 있는 상담자에게 슈퍼비전도 받고 상담을 잘 해내기 위해 자문도 병행하면서 열심히 노력하였지만, 고민에 대한 실마리는 풀리지 않았습니다. 답답한 마음을 나누고 싶은 마음에 '학교 환경에 대해 아는 사람에게 도움을 청해볼까?'라는 생각이 들었습니다.

그때 마침 전문적학습공동체의 공문을 발견하게 되었습니다. 용기를 내서 신청했고, 상담 선생님들과 이야기를 나누게 되었습니다. 선생님들과 이야기를 나누다 보니 학생과 상담을 하는 내용보다 '나만 그런 것은 아니다.'라는 것을 깨달으며 큰 도움이 되었습니다. '아, 이런 피드백을 나만 받은 게 아니었구나. 저 선생님도 힘들었구나.' 등 다른 선생님들의 이야기를 듣자 마음 한편에 있던 무게감이 조금은 줄어드는 것 같았습니다. 또한, '상담을 한번 받는다고 해서 학생이 변화하는 것은 애초에 무리이고, 선생님들이 그냥 툭 뱉은 말에 내가 상처를 받을 필요는 없구나.'라는 생각이 들었습니다. 그 이후 '나에게 의미 있는 연구회 활동을 한번 해보자.'라는 마음이 들어 더 적극적으로 활동에 참여하게 되었습니다.

전문상담교사로서 상담을 잘하고자 어떻게 해야 할지 고민하는 것처럼, 자신의 교과에서 전문성을 잘 발휘하고 싶은 선생님들의 고민도 마찬가지라고 생각합니다. '학생들에게 어떻게 하면 더 잘 가르칠 수 있을까?', '어떻게 하면 효과적인 생활지도를 할 수 있을까?', '학생들과 대화를 좀 더 잘 할 수 있는 방법은 무엇일까?' 등 교직 생활과 관련된 고민이 생기는 것은 자연스러운 일입니다. 중요한 것은 이러한 고민과 생각들을 함께 나누고 해결하는 방법을 모색하는 과정을 갖는 것입니다. 함께 나눔으로써 성장하고자 하는 동기를 찾고, 함께 해결책을 찾는 과정은 모두가 성장하는 기쁨을 나누는 기회가 되곤 합니다.

더 안전하고 든든하게 나아가기

전문적학습공동체를 시작하면서 느꼈던 부분은 선생님들 각자가 지닌 에너지입니다. 자신의 방식대로 모두가 열심히 하고 있으며 나와 다른 방법을 활용하여 각자의 고민을 해결하고 있었습니다. 그 방법들 중 효과적인 방법을 서로 나누고 배우며 학생들을 위해 노력하는 과정에서 함께 연대하는 힘을 발견하고 성장하고 있음을 느낍니다.

선생님들과 얼굴을 마주하며 의견을 나누는 시간은 서로에게 응원과 지지를 보내주기도 하였고, 함께 성장하는 순간들로 채워지고 있었습니다. 교육연구회라는 공동체를 통해서 우리는 든든한 연대의 힘을 경험하였고 학생들과 즐겁고 재밌게 대화하는 과정들은 더 풍성해졌습니다.

학교 상담에 대한 전문성을 강화하고 이론적 배경을 탄탄히 하고자 독서모임을 운영한 적도 있습니다. 독서모임은 선생님들의 자발적인 참여로 방학과 주말을 활용하여 모임을 진행했습니다. 두꺼운 이론서를 혼자서 보면 잘 읽히지도 않고 재미도 없더라구요. 선생님들과 함께 읽어 나가다 보니 이론을 상담에 어떻게 적용할 수 있을지 아이디어를 나누는 시간도 갖게 되었습니다. 책을 읽는 모임으로 시작하였지만, 학교 상담에 대한 전문성을 키울 수 있는 기회가 되었습니다. 방학 중 책 한 권을 읽는 보람과 더불어 '새 학기에 학생상담을 잘 할 수 있다는 희망'을 얻었습니다.

요즘 시·도교육청에서는 '학교 밖 전문적학습공동체'에 대한 지원이 많습니다. 선생님들끼리 모여서 생활지도나 학교 상담에 대한 연수를 자체적으로 운영하기도 합니다. 학교 밖으로 나와서 비슷한 상황에 있는 선생님들과 함께 모여 성장하는 경험을 선생님들도 꼭 한번 해보셨으면 합니다. 이미 하고 계시는 선생님들도 계시지요? 아직 시작하지 않았다면 지역 전문적학습공동체 활동을 신청해보세요. 학생 그리고 학교에 대한 시야를 넓히는 데 많은 도움이 됩니다.

보호자를 만나는 경험

놓칠 수 없는, 보호자 상담

우리가 학교에서 함께 생활하는 학생들은 학교가 끝나면 다시 가정으로 돌아갑니다. 보호자와의 소통을 피하고 학교에서 학생만 본다면 학생의 성장과 변화의 속도는 더딜 수밖에 없습니다. 그래서 놓칠 수 없는 것이 바로 보호자 상담입니다.

자식은 부모의 거울이라는 말이 있듯이 학생의 긍정적인 행동 변화를 위해서는 보호자와 함께 협력해야 합니다. 사실 우리 주변에는 자녀를 더 잘 키우고 싶고 선생님들과 소통을 원하고 있는 협조적인 보호자들이 더 많이 있습니다. 이러한 사실을 놓치지 말아야 합니다. '모든 보호자는 민원인이다.'가 아닌 '보호자와 선생님은 학생의 성장이라는 공동의 목적을 향하는 한 팀이다.'라는 쪽에 무게를 두고 이번 글을 시작해 보려고 합니다.

새내기 선생님들에게 학교 상담 중 가장 어려운 분야가 뭐냐고 물으면 그 중 많이 대답하는 것이 '보호자와 상담하는 일'이라는 답변이 돌아옵니다. 학생과는 학교에서 함께 생활하면서 어느 정도 특성이 파악되고 대화가 가능하지만, 보호자는 알 수가 없기 때문입니다. 어떤 성향의 사람인지 얼굴도 모르고 자주 볼 기회도 없습니다. 제한된 시간동안 통화나 짧은 면담만을 주로 하기 때문에 보호자의 특성이나 반응 등을 예상하기 어렵습니다.

사실 보호자와 상담하는 일의 어려움은 경력이 쌓여도 마찬가지입니다. 특히 요즘은 보호자들의 무례한 행동으로 인한 교권 침해, 교사에 대한 무고성 아동학대 신고 등이 이슈화되면서 선생님과 보호자의 관계가 살얼음판이 되고 있는 현실입니다.

"선생님, 저 마음이 엄마입니다. 오늘 제가 선생님이랑 상담을 좀 하고 싶은데 혹시 오후 4시에 학교에 가도 될까요?"

이런 문자를 받으면 어떤 생각이 떠오르세요? '왜 갑자기 상담을 신청하시는 거지?', '갑자기 오늘? 오늘은 시간이 안

되는데 어떻게 거절하지?' 등 여러 가지 생각이 듭니다. 그러면서 하루의 시작이 심란해지는 것도 같습니다. 예상치 못한 보호자의 연락은 그만큼 신경이 쓰이는 부분이기 때문이죠. '보호자가 내 말을 어떻게 받아들일까?', '무슨 말을 어떻게 시작해야 하나?'라는 불안함과 함께 보호자와의 상담은 점점 더 피하고 싶고 어려워지는 것 같습니다.

반면에 선생님이 먼저 보호자에게 상담을 요청하는 경우도 있습니다.

'어머님, 마음이 관련으로 상담을 한번 했으면 하는데 혹시 학교에 언제 한번 오실 수 있나요?'

학생의 어려움이 쉬이 해결되지 않을 때, 지각 결석 등이 잦을 때, 가정환경의 변화가 염려될 때 등 선생님이 보호자와 상담해야 할 일은 참 많습니다. 그런데 보호자에게 상담을 요청하긴 했는데…. 어떤 말부터 어떻게 시작해야 할까요? 이제부터 학부모와 상담 시 활용할 수 있는 유용한 방법들에 대해 나눠보겠습니다.

좋은 소식은 '우리 편'이다

선생님은 주로 어떤 경우에 보호자에게 연락을 할까요? 학생이 학교에 나오지 않는다거나, 학교 교칙에 맞지 않는 행동을 했을 때 등 주로 어떤 문제가 생겼을 때 연락을 합니다. 그런데 보호자도 계속 이런 연락을 받다 보면 학교에서 오는 전화에 스트레스를 받고, 연락을 피하고 싶다는 생각이 들기도 할 것 같습니다. 안 좋은 소식을 전달받긴 하지만 딱히 해결할 답이 없는 경우 특히 그렇지요. 예전에 한 보호자는 하도 학교에서 안 좋은 이야기만 걸려 오니 학교 전화를 스팸 처리했다고도 하더라구요. 이렇게 되면 서로 대화가 단절되어서 결국 학생의 성장에는 방해가 됩니다.

보호자에게 좋은 소식을 전하는 것은 연결점을 유지하는 데 중요한 영향을 미칩니다. 선생님과 보호자가 소통이 잘되는 것은 학생에게 많은 도움이 되기 때문이지요. 우리가 좋은 관계를 맺기로 결심한 사람이 있다고 생각해 봅시다. 그 사람과 좋은 관계를 맺기 위해서 어떤 노력을 할까요? 그 사람의 장점과 특징, 그리고 그 사람의 현재 기분을 파악하기도 합니다. 말을 걸어보기도 할 것 같고요. 서로 불평이나 좋지 않은 이야기만 한다면 좋은 관계를 맺기는 어려워지겠지요. 보호자와의 상담도 마찬가지입니다. 좋은 소식도 종종 나누면서 신뢰를 쌓아가는 것이 필요합니다.

"아버님, 요즘 마음이가 웃으면서 저에게 인사를 하는 모습을
자주 보는데 참 예쁘더라구요. 마음이 집에 가면 많이 격려
해주세요."

"어머님 오늘 마음이가 사회시간에 발표를 잘해서 교과 선생
님과 친구들에게 박수를 받았다고 해요. 학기 초에 비해 노
력하려는 모습이 참 기특합니다."

"별일 없이 그냥 전화 드렸어요. 마음이가 요즘 표정이 편안
해 보이더라구요."

이렇게 좋은 소식을 전하면 자녀의 학교생활이 궁금했던
보호자에게 도움이 되며, 자녀가 집에 왔을 때 좋은 말을 주
고받게 되는 선순환의 시작점이 됩니다. 그리고 선생님과
보호자 간의 신뢰가 쌓이는 계기가 되기도 하지요. 결국 우
리는 학생의 성장을 돕기 위한 하나의 목적으로 향하는 '한
팀'이라는 것을 기억해야 합니다. 선생님과 보호자가 함께
학생이 지닌 현재의 어려움을 잘 해결할 수 있도록 돕는 것
이란 마음은 동일하기 때문입니다.

더불어 학생이 어려움이 생겼을 때(분노, 우울 등) 학생이 문제라고 이야기하기보다, '이 부분이 해결되면 더 잘하게 될 수 있다.'라고 이야기해 준다면 보호자에게 큰 위로가 될 것입니다. 앞 장에서 설명한 마음돋보기를 장착하고, 학생들을 잘 관찰하다 보면 분명 잘하고 있는 부분이 보일 거예요. 이 부분을 먼저 보호자에게 전달하면서 대화를 시작하면, 대화가 부드럽게 진행되며 더 깊이 있는 대화를 나눌 수 있습니다. 이처럼 학생을 도울 방법을 함께 모색하기 위해서는 사전에 종종 좋은 소식도 나누고, 중간중간 학생의 행동 변화에 피드백을 해 주는 것이 좋습니다. 그럼, 보호자들도 학교에서 오는 전화가 그렇게 두렵지만은 않으실 거예요.

보호자와 신뢰 쌓기

　초기 보호자 상담에서 상담 시간에 대한 약속은 매우 중요한 부분입니다. 일반적으로 너무 늦은 시간이나, 약속 없이 당일에 상담을 진행하는 것은 어려운 경우가 많습니다. 우리가 생각하기에는 당연할 수 있으나 이를 잘 모르는 보호자도 있습니다. 따라서 사전에 상담 가능한 시간에 대해 미리 이야기 나눌 필요가 있습니다. 예를 들어, '수업이 있을 때는 상담이 어렵고, 상담 가능한 시간은 몇시입니다.'라는 것을 미리 안내해야 합니다. 이를 통해 상담이 매 순간 다 가능하지는 않다는 것을 보호자에게 충분히 인지시켜줄 수 있습니다. 뿐만 아니라 요즘에는 대부분 맞벌이를 하고 있기 때문에 선생님도 보호자가 상담이 가능한 시간을 알아두는 것이 좋습니다. 서로의 시간을 존중하고 준비하는 의미로 시간에 대한 약속을 미리 해야 합니다.

중2 학생 은정이의 보호자가 상담을 하고 싶다고 연락이 왔습니다. 은정이는 자신이 마음에 들지 않으면 친구들에게 '싫어'라고 강하게 부정적으로 표현을 하는 편입니다. 그래서 친구들도 불편해하고 있습니다. 최근 친구와의 갈등으로 인해 보호자에게 전화가 온 것이고, '내가 초등학교 때도 학교를 자주 갔는데, 이번에도 학교에 가서 담임선생님과 이야기하고 싶네요.'라고 합니다. 담임선생님은 은정이 엄마와 상담에서 무슨 말부터 해야 할지 걱정이 앞섭니다.

우리는 보호자와 상담이 있으면 자신도 모르는 사이에 긴장할 때가 있습니다. 특히 학생이 어려움이 있는 경우는 더 그렇습니다. 학생의 어려움을 보호자에게 어떻게 전달하고, 지도 방향에 대해 조언해야 할지 고민이 되기도 합니다. 보호자는 양육 경험을 통해서 자녀를 알고, 선생님은 교육학적 지식을 바탕으로 학생에 대해 이야기합니다. 그런데 준비 없이 대화를 하다 보면 서로 대화의 목표와 방향이 엇갈릴 때도 있습니다. 보호자와 상담할 때 어떤 준비를 하며 이야기 나누면 좋을까요?

가장 먼저 신뢰를 형성해야 합니다. 심리학 용어로는 '라포 형성'이라고도 하는데, 상대의 마음을 이해하고 공감대를 형성하는 것을 말합니다. 이를 위해 보호자의 마음을 살펴보는 것이 필요합니다. 보호자가 가지고 있는 걱정과 불안에 대해 이야기하면서 마음의 문을 열 수 있습니다. 위 은정이 사례에서 보호자가 초등학교 때부터 학교에 자주 갔다는 것은 어린 시절부터 여러 가지 불안과 걱정이 가득했다는 의미겠지요. 따라서 '어머님, 은정이에 대해 관심도 많고, 여러 방면으로 노력하고 계시는 것 같아요.' 등으로 이야기를 시작할 수 있습니다. 더불어 학생의 성장을 돕고 싶은 선생님의 마음도 함께 전달합니다. '은정이가 친구 관계를 잘 할 수 있도록 저도 함께 지도하겠습니다.', '은정이가 중학교 생활도 잘 할 수 있도록 부모님과 제가 한 팀이 되는 것이 중요합니다.' 등의 이야기를 전달하는 것입니다. 마음이 열리면 자연스레 이야기가 시작됩니다.

운동할 때 우리가 스트레칭을 하고 운동하는 것과 그렇지 않을 때가 다른 것처럼 대화를 위한 준비도 하나의 스트레칭이라고 생각하면 좋습니다. 처음 학교에 방문하거나 전화로 상담을 할 때 보호자 역시 긴장하고 있을 수 있습니다. 앞에서 다루었던 것처럼 학생의 긍정적인 자원을 먼저 안내하거나, 상담을 오기까지 어려웠을 마음 등을 함께 읽으며 마음의 문을 열어주세요. 그럼 대화의 시작이 조금은 편안해질 것입니다.

다음으로 함께 나누는 대화의 목표를 설정해봅니다. 은정이가 친구들과 더 잘 지내기 위해서 노력할 수 있는 부분을 구체적으로 탐색하고 가정과 학교에서 동일하게 학생을 대하는 것입니다. 보호자는 학생의 발달에 가장 큰 영향을 미칩니다. 학생에게 필요한 것을 다루기 위한 모든 노력에는 보호자가 포함되어야 합니다. 대부분의 보호자는 가정에서 자녀에 대해 걱정은 하고 있지만 구체적으로 어떻게 도와주어야 할지 모르는 경우가 많습니다. 따라서 보호자가 자녀에게 어떤 도움을 줄 수 있을지 비교적 명확히 안내해 주시는 것도 도움이 됩니다. 은정이의 경우 친구들과의 대화하는 방법을 가정에서 연습시킬 수 있습니다. 예를 들어, 친구가 자신이 싫어하는 행동을 했을 때 자신의 의견을 정확하게 말하는 방법이나, 책에서 주인공의 속마음이나 생각을 유추해보도록 대화를 나눠 보는 것 등을 권유합니다. 무엇보다 부모님이 집에서 누군가 싫은 행동을 했을 때

강하게 '싫어'라고 말하는 것보다 이유를 설명하며 갈등을 풀어내는 모습 등을 자연스럽게 시범을 보여주는 것이 좋다는 안내를 해 줍니다. 더불어 학교에서 교사가 할 수 있는 노력도 전달해 주세요. 친구들과 관계를 개선할 수 있는 프로그램을 마련하거나 은정이에게 책임 있는 작은 역할을 부여하기 등을 진행할 수 있습니다. 이렇듯 보호자와 협력을 촉진하기 위해서 선생님은 보호자와 한 팀이 되어 학생의 성장에 대한 로드맵을 함께 그릴 수 있어야 합니다. 신뢰를 쌓아 나가다 보면 나중에 어려움이 생겨도 함께 해결할 수 있습니다.

대화를 부드럽게 이어가는 비결

학생에 대한 정보는 보호자가 제일 잘 알고 있습니다. 자녀가 태어난 순간을 기억하지 못하는 보호자가 없는 것처럼, 태어났을 때부터 지금까지 자녀를 키우고 있고 결국 그 학생을 길러내는 것은 보호자이기 때문이지요. 이를 기본적인 전제로 생각하고 상담을 진행해나가면 좋습니다. 대화의 첫 시작에 '어머님이 마음이에 대해 제일 잘 알고 계시지요.'라는 말을 건네면 좋습니다. 그 후 보호자의 어려움에 공감, 인정해주시는 것이 필요합니다.

　선생님은 청소년들의 일반적인 심리적 특성을 알고 있는 전문가입니다. '일반적으로 이 시기의 아이들은~'이라는 말로 시작하여 일반적인 청소년의 특징에 대한 정보를 제공합니다. 만약 학생이 문제가 있다면 그것은 그 학생이 가지고 있는 개인적인 특성이라기보다는 '이 나이 때 아이들이 고민을 한두 번씩 하는 일', 또는 '이런 어려움이 있을 수 있지만 우리가 함께 협력하면 또 잘 지나갈 것'이라는 긍정적인 메시지와 정확한 정보를 전달합니다.

　따라서 선생님이 지도하는 학생들의 일반적인 심리적 특징을 알고 계시면 도움이 되겠지요. 예를 들어, '청소년기는 기분이 갑자기 오락가락하면서 변할 수 있다.'거나, '전두엽이 발달하는 시기이기 때문에 감정조절이 쉽지 않고, 이성적으로 사고하는 능력을 발전시키는 과정이다.' 등 청소년기의 특성을 파악해두시면 좋습니다.

　보호자와 대화를 하면서 '하지 않으면' 좋은 단어들이 있습니다. 바로 '근데', '아니', '원래'입니다. 이 단어들은 어떤 느낌이 드시나요? '어쩔 수 없다', '그건 그런데 힘들다', '보호자님은 잘 모른다' 등 부정적인 의미를 내포하고 있습니다. 그래서 의식적으로라도 이 단어를 제외하고 이야기를 이어갈 것을 추천합니다. '아니 근데~' 보다는 '그리고 이렇게~'를 사용해서 대화해보는 것이 도움이 됩니다. 도와주려는 답답한 마음에 말을 끊고 이야기를 하면 보호자의 귀에는 들리지 않습니다. 충고보다는 마음을 이해하고, 함께 해보면 좋겠는 활동이나 마음가짐을 탐색해본다는 의도로 대화를 진행하시면 좋겠습니다.

마음돋보기를 꺼내세요!
보호자 상담 시 도움이 되는 흐름도_1

협력적 관계 맺기 :
학생에게 긍정적 변화가 일어날 수 있음을 강조합니다.

"오늘 전화를 드린 목적은 우리가 함께 마음이를 도울 수 있는
방법에 대해 이야기 나누기 위해서입니다."

" 마음이에게 어떻게 해야 하실지 도움이 되는 방법을
함께 찾고자 전화드렸습니다."

변화시키고 싶은 행동에 대해 이야기를 나누며 탐색합니다.

"그동안 마음이를 변화시키고자 부모님이 해온 방법 중
어떤 것이 성공적이었나요?"

가정에서 할 수 있는 행동계획을 함께 세워봅니다.
예) 숙제를 하지 않고 늦은 시간에 잠드는 마음이

마음이에게 매주 80% 숙제를 완수하게 하기
마음이가 주말을 포함하여 매일 밤 10시에 취침하도록 돕기
마음이의 보호자와 선생님이 정기적으로 소통하며 의견 나누기
학습환경과 숙제계획을 마련할 수 있는 자문하기

싱담 후, 가정에서의 변화에 대해 확인합니다.

주 1회 보호자에게 전화를 걸어 계획을 수행하는 데 문제가 있는지 논의하기
시간이 지날수록 격주로 하다가 차후에는 월 1회 연락을 취하여 확인하기

상담과 민원을 구분하기

아람 선생님은 얼마 전 황당한 경험을 했습니다. 아침 7시에 보호자로부터 '우리 아이가 친구 관계로 힘들어하는데 왜 선생님이 아무것도 안 해 주냐, 선생님이 교사 맞냐'라는 다짜고짜 따지는 전화를 받았기 때문입니다. 이러한 상황을 겪은 후 아람 선생님은 보호자들로부터 전화가 오면 전화를 받기가 불편하고 걱정부터 생깁니다. '왜 또 연락이 왔지? 또 나에게 소리를 지르면 어쩌지?'라는 생각으로 보호자에게 전화만 오면 손이 떨리고 심장이 빨라지기도 했습니다. 보호자들의 연락에 두려움이 생긴 아람 선생님은 모든 보호자와 소통을 끊기로 결심했습니다. 번호를 바꾼 후 공개하지 않았고, 하이톡이나 하이클래스와 같은 온라인 소통망도 다 차단해버렸지요. 처음에는 그런대로 지냈는데 종종 다른 보호자들과도 연락을 해야 할 일들이 생겨났습니다. 이렇게 회피하는 것만이 답은 아닐 것 같은데…. 아람 선생님은 마음이 회복되기는커녕 더 답답해져 가기만 했습니다.

아람 선생님의 불편한 마음에 충분히 공감이 되시지요? 꼭 선생님과 보호자 사이의 대화가 아닐지라도 감정을 담은 무례한 연락에는 기분 나쁜 것이 당연합니다. 안타깝게도 이러한 상황은 우리 주변에서도 언제든 일어날 수 있는 일입니다. 아람 선생님이 어떻게 행동하면 현재의 마음도 지키고 더 편안해질 수 있을까요?

보호자 민원과 상담을 구분하는 것이 중요합니다. 보호자의 행동이 과도한 민원이라면 선생님도 스스로를 보호하기 위한 안전한 조치를 취해야 합니다. 2023년 교육부에서는 「교권 회복 및 보호 강화 종합방안」을 발표하였습니다. 이에 따르면 교권 침해에 해당하는 보호자의 민원은 절차에 따라 처리할 수 있습니다. 필요시 교권보호위원회를 개최할 수도 있습니다. 아람 선생님과 같은 경우가 생긴다면, 보호자가 자녀의 어려움으로 인해 속상했을 마음은 읽어주되 '선생님이 교사 맞냐'라는 말은 교권침해에 해당할 수 있음을 정확하게 알려 주어야 합니다. 앞서 이야기한 상담 가능 시간을 명확히 안내하는 것도 도움이 됩니다. 너무 이른 시간이나 늦은 시간의 연락은 어렵다는 것을 알려주는 것이지요. 그리고 선생님이 혼자 보호자를 만나는 것이 부담스럽다면 학년 부장이나 상담선생님, 관리자와 함께 만나는 방법을 활용해보세요. 선생님의 개인번호 공개가 꺼려진다면 공개하지 않으셔도 됩니다. 요즘에는 교육청에서 선생님을 위한 투넘버 요금제나 업무용 휴대폰 등이 지원됩니다.

이를 적극 활용해서 사생활을 보호하는 것이 필요합니다. 다만 최소한의 소통 장치는 열어두는 것이 선생님에게 도움이 됩니다. 일반적인 보호자들이 원하는 것은 민원이 아닌 학생에 대한 상담일 가능성이 더 크기 때문이지요. 학교 대표번호나 교실 번호를 고지하고, 연락 가능 시간을 사전에 안내해 주는 것이 좋습니다.

보호자와 대화 주고받기

상담실 이야기: 학교폭력 피해 학생 보호자 상담하기

소연이는 얼마 전 타학교 학생에게 학교폭력 피해를 당했습니다. 소연이의 피해 사실을 안 보호자는 학교에 신고한 이후 매일같이 학교를 찾아옵니다. "왜 이렇게 처리 절차가 늦어지냐.", "오늘은 어떻게 사건이 처리되고 있냐." 등을 묻습니다. 보호자의 조급하고 답답한 마음이야 이해가 가지만 사건이 한번 접수되면 관련자들을 조사하고, 학교폭력 전담 조사관이 면담을 하고, 전담기구 심의를 거쳐 교육지원청에 학교폭력 심의 요청 등이 진행됩니다. 보호자의 입장에서는 바로 처리되지 않는 것처럼 보일 수 있지만, 학교에서는 바쁘게 절차가 진행되는 것이지요. 학교폭력 전담교사는 소연이 보호자에게 학교폭력과 관련 처리과정을 몇 번 더 안내해

주었고, 관리자에게 인계 하기도 했습니다. 그리고 보호자가 자녀의 학교폭력 피해 사실에 대해 불안감을 느끼며, 자녀를 어떻게 대해야 할지 어려워하는 것 같아 상담실에 연계해 주었습니다.

상담실에서는 학교폭력 피해를 입은 학생의 보호자를 어떻게 상담할까요? 먼저 보호자의 답답함에 대해 공감하고 불안한 마음에 대해 '충분히 그럴 수 있다'고 인정합니다. 소연이가 생각지 못한 일에 휘말리고, 피해를 보고 있으니 보호자의 마음이 오죽하겠어요. 현재 소연이에 대한 걱정으로 온 신경이 쏠려 있어 힘드실 수 있습니다. 일반적으로 피해 부모님들도 많이 느끼는 반응이라는 점을 이야기하며 감정을 편안하게 표현할 수 있도록 합니다. 그 후, 지금 같은 과도한 반응은 소연이에게 큰 도움이 되지 않는다는 것을 인식하도록 돕습니다. 자녀가 놀라거나 다쳤을 때 어른 역시 어느 정도 놀라거나 무서워지는 것은 자연스럽고 당연합니다. 그렇지만 함께 놀라고 무서워하면 결국 해결은 되지 않고 부정적인 감정만 공유하는 악순환이 반복되겠지요. 즉 보호자 스스로 반응을 확인하고, 조절할 필요를 느낄 수 있도록 조력합니다. 보호자의 침착하고 안정적인 반응은 소연이가 경험하고 있을지도 모르는 두려움, 수치심, 죄책감을 최소화하는 데 도움이 되기 때문입니다. 소연이의 안정을 위해서는 지금처럼 매일같이 학교에 찾아오는 것은 도움이 되지 않음을 알아차리도록 상담을 진행합니다.

학교폭력 절차는 이에 맞게 진행되도록 두고, 지금은 사안이 처리되는 과정 안에서 보호자가 소연이에게 어떤 반응을 하는 것이 도움이 될지를 함께 탐색합니다. 가정에서 소연이를 어떻게 대하는 것이 좋을지 생각해 보고 적절한 대화 방법을 안내합니다. 우선 소연이가 힘든 감정일 때 어느 정도로 힘든지 그 상태를 지속적으로 관찰해야 합니다. 소연이를 관찰하려면 보호자가 먼저 차분한 상태가 되어야 합니다. 스스로 차분해 질 때까지 숨을 천천히 쉬면서 자신을 관찰할 수 있도록 안내합니다. 보호자가 안정적인 상태를 유지할 수 있게 되면 소연이에게 무엇이 필요한지 주의를 기울일 수 있습니다. 또한 소연이가 느끼는 공포나 혼란스러움으로 휩쓸려 들어가지 않을 수 있습니다. 그러면서 일상을 함께 보내는 것의 중요성을 강조합니다. 소연이의 일상이 평소처럼 유지되도록 보호자가 돕는다면 소연이가 상황을 덜 위험하게 받아들이는 데 도움이 되기 때문입니다. 소연이와 즐겁고 안정적이었던 활동에는 어떤 것들이 있는지 확인해 봅니다. 예를 들어 좋아하는 TV 프로그램 함께 보기, 맛있는 음식(파스타나 아이스크림 등) 함께 먹기, 저녁을 먹은 후 공원 산책하기, 좋아하는 아이돌 음악 듣기 등의 활동이 있을 수 있습니다. 이와 같이 소소하지만 평소에 좋아했던 활동을 찾아 하나씩 함께 해나가기를 제안합니다.

또 소연이가 학교폭력 피해 경험으로 힘들어할 때 그냥 두기보다 다음과 같이 말해보는 것을 추천할 수 있습니다. "소연아, 네가 여전히 무서워하는 것 같아. (느끼는 감정을 말합니다) 나는 너의 무서움이 사라질 때까지 함께 있을 거야. 너는 계속 혼자 있으면 괜찮아진다고 말하지만(학생이 원하는 비효과적인 행동) 잠시 동안 나랑 같이 조용히 있어 보자."

이러한 대화기술을 안내하고 소연이가 느끼는 감정이나 감각이 위험하지 않으며, 원래의 상태로 돌아갈 때까지 보호자가 함께할 것임을 알려주어야 한다는 것 을 다루어 나갑니다. 보호자의 관심과 위로, 안정된 표현이 소연이에게 큰 도움이 된다는 것을 이야기하면서 상담을 마무리합니다. 모든 것의 핵심은 보호자와 한 편이 되어, 심리적인 정보를 전달하고 이를 실천할 수 있게 지지하는 역할을 하는 것입니다. 선생님들도 이 방식을 유지하면서 보호자와 소통한다면 도움이 될 것입니다.

마음돋보기를 꺼내세요!
보호자 상담 시 도움이 되는 흐름도_2

자녀의 상태를 알아차리고 적절히 표현하는 방법을 제공합니다.

관찰하기: 표정이나 행동을 그대로 이야기하기
"얼굴이 빨개지고 눈물이 고였네.", "주먹을 꽉 쥐고 있네." 등

대화를 주도하지 말고, 관심이 있는 태도 보이기
'눈 맞추기', '고개 끄덕이기', '자녀 쪽으로 몸을 기울이기' 등

감정을 이해하고 인정해줍니다.

감정을 바꾸려고 하지 않기
"그래서 ~ 했다고? (들은 내용) 와…. 정말 ~ 했겠다. (감정)"

자녀의 감정에 이름 붙여 그대로 표현하기
"좀 염려하는 것 같이도 보이고, 화가 난 것처럼 보이기도 하는데 맞니?"

큰일이 아니라고 생각하더라도, 자녀의 감정을 이해하고 인정하기
"그래, 그 상황에서는 충분히 떨리고 긴장될 수 있겠다."
"어떤 사람이 내 이야기를 듣지 않는다면 누구라도 화가 나고 속상할 것 같아."

"감정은 마음속 파도와 같아서 무슨 감정인지 알아차리고 느끼다 보면
지나간다고 하더라. 우리 함께 파도가 지나가길 기다려보자."

포기하지 않고, 끝까지 버텨주기

　재성이는 스마트폰에 푹 빠진 초등학교 6학년 학생입니다. 밥을 먹을 때나 잠을 잘 때나 항상 스마트폰을 손에서 놓지 않습니다. 하굣길에는 스마트폰을 보면서 집에 가다가 사고가 날뻔한 적도 있습니다. 스마트폰으로 주로 게임을 하는데 집에서 이를 못하게 하면 쉽게 흥분하고 화를 냅니다. 게임이나 스마트폰 외에 다른 관심사는 없어 보입니다. 재성이가 이렇게 스마트폰에 집착하는 모습에 재성이의 어머니는 어떻게 해야 할지 모르겠습니다. 답답한 마음에 담임선생님께 상담을 요청했습니다.

　재성이 어머님의 이야기를 들은 담임선생님은 우선 어머님의 어려움을 공감하였습니다. 집에서 스마트폰만 붙잡고

있는 재성이를 보는 부모님이 얼마나 답답하시겠어요. 그 후 학교에서 관찰한 재성이의 모습을 전달하였습니다. 친구들과의 관계에서 크게 관심이 없어 보이고 수업에 집중하지 못하는 것 등을 말이지요. 그리고 선생님으로서 재성이를 함께 돕고 싶다는 의지를 전달하였습니다. 또한 스마트폰 과의존에 대한 정보를 전달하였습니다. 스마트폰 과의존은 단순히 스마트폰을 오래 사용하는 것이 아니라, 현저하게 지속될 때, 조절하는 것을 실패할 때, 이러한 결과로 특정한 문제가 발생했을 때 나타나는 것이라는 안내를 해 주었습니다. 사실 재성이는 이 세 가지 기준을 모두 충족하고 있기에 적극적인 개입이 필요합니다. 특히 스마트폰과 관련해서는 보호자의 역할과 적극적인 협력이 중요한 부분입니다.

담임선생님은 가정에서 재성이를 도울 수 있는 방법을 공유하였습니다. 우선 재성이 마음 상태에 보호자가 우선적으로 관심을 기울여야 함을 안내하였습니다. 그리고 재성이와 함께 하는 시간을 늘리는 것이 도움이 될 것이라는 것을 안내하고, 시간을 보낼 방법을 탐색하였습니다. 같이 식사를 하거나 운동을 하는 것과 같은 활동을 말이지요. 더불어 부모님 스스로 스마트폰 사용에 모범을 보일 것을 제안하고, 스마트폰 사용 시간 조절 앱 등을 재성이와 상의해서 설치하는 방법 등을 이야기하였습니다. 가장 중요한 것은 스스로 스마트폰을 제어하고, 조절할 줄 아는 능력을 기르는 것임을 강조하였습니다. 그 후에도 재성이의 스마트폰 사용 조절이 어렵다면 전문 상담을 받는 방법까지 안내해 드렸습니다. 재성이의 보호자는 정확한 정보 전달과 담임선생님의 공감에 감사해하며 재성이에게 좀 더 관심을 가져보겠다는 말을 남기고 상담을 종료하였습니다.

그날 이후, 재성이는 어떤 변화가 있었을까요? 안타깝게도 큰 변화가 없었습니다. 수업 시간에는 여전히 집중하지 못하였고 친구들과도 잘 어울리려 하지 않았습니다. 그리고 보호자에게 전화가 왔습니다.

"선생님이 이야기해 주신 대로 관심도 가져보려고 하고, 저 나름대로 노력을 했는데 여전히 몰래 핸드폰을 보려고만 하고 이야기도 잘 하지 않아요. 얘는 도저히 방법이 없는 것 같아요."

보호자의 이런 이야기를 들은 담임선생님은 힘이 쭉 빠지는 것 같았습니다. 재성이가 나아질 수 있도록 최선의 노력을 기울여 상담을 했는데 변화가 없다는 피드백을 받았으니 말이지요. 하지만 보호자의 이와 같은 반응은 당연한 것입니다. 그동안 가족들이 함께 만들어온 생활양식이 있는데 이를 한 번에 바꾸는 것이 얼마나 어려울까요? 보호자가 나름 대로 관심을 가져보려 이런저런 활동을 시도했어도, 재성이는 갑작스러운 보호자의 관심에 부담을 나타내고 거부했을 수도 있습니다. 우리도 습관이라는 것을 한 번에 바꾸기 어려운 것처럼 학생들도 마찬가지입니다. 마법 같은 변화가 일어나면 좋겠지만, 그렇지 않은 경우가 훨씬 많습니다. 보호자의 속상한 마음을 공감한 후, 그럼에도 불구하고 노력하려한 모습을 지지해 주세요. 또한 아주 작게라도 달라진 점을 찾아 이야기를 나누며 버텨내야 합니다. 재성이를 바라보는 보호자의 '시각'이 변화하는 것이 중요함을 안내하면서 말이지요. 또한 재성이는 전문기관 치료를 병행하는 것이 도움이 될 것입니다.

무엇보다 중요한 것은 '시간이 걸린다'는 것입니다. 때로는 인내와 시간을 무기로 기다리고 버텨내야 합니다. 이때 중요한 것은 보호자나 교사가 '지치지 않는 것'입니다. 좋아졌다가 다시 돌아갈 수도 있고, 한 번에 좋아지긴 어려울 것이라는 생각과 함께 서로 지지하며 기다리는 시간이 필요합니다. 그러면서 자연스럽게 보호자와 교사가 한 팀이 되기도 합니다. 공동의 목적을 바라보는 사이가 되는 것이지요.

문제를 함께 해결하는 파트너라는 생각을 가지고 보호자와의 상담을 해나가 봅시다.

이야기 속, 숨겨진 의미 찾기

고등학교 1학년인 도하는 학교에서 친구들과 잘 어울리지 않고, 혼자 조용히 과제를 하거나 스마트폰을 하는 학생입니다. 어느 날 도하 어머니가 문자를 보냈습니다. 도하가 고등학교 진학 후 영어에 대해서 어려움을 토로하는 일이 많아졌으며, 특히 영어의 쪽지 시험이 많다고 학생이 불편해하니 영어 선생님께 단어 시험의 양을 줄여달라고 요구하는 문자였습니다. 어머님의 문자를 받고 당황스러운 마음에 담임선생님은 그 문자를 그대로 영어 선생님에게 공유하였습니다. 영어 선생님은 이후 그 학생을 지도하기 어렵다는 생각을 가지게 되었으며 다른 교과 선생님들도 그 학생에 대해서 불편하게 느끼기 시작하였습니다. 결국에는 도하가 학급 내에서 특별한 행동을 하지 않았음에도 불구하고 '건드리면 안 되는 학생'으로 인식되어 영어 선생님뿐만 아니라 다른 선생님들의 적극적인 지도를 받을 수 없게 되었습니다.

보호자의 무리한 요구를 들었을 때 우리는 당혹스러운 마음을 감출 수가 없습니다. 게다가 당당한 태도로 요구하면 선생님들은 어떻게 답변해야 할지 몰라서 머뭇거리다가 '알겠습니다.'라는 말로 전화를 끊고는 이 부분에 대해서 어떻게 반응을 했어야 하는 건지 자신이 한 반응이 맞는 것인지 혼란스럽습니다. 보호자가 무리한 요구를 하는 것처럼 느껴질 때 선생님이라는 역할에서 무언가 해결해야 한다고 생각하거나 답변을 해야 한다는 조급함보다 보호자의 말 속에 숨겨진 마음을 궁금해하는 자세가 필요합니다. '어머님이 도하의 학습 때문에 고민이 많으시군요.'라고 보호자의 마음을 그대로 읽어주세요. 바로 보호자의 요구에 답변하기보다 보호자가 연락한 부분에 대해서 상담을 하는 것이 좋습니다. '도하가 영어시험에 대해서 고민하고 있었다니 제가 몰랐던 부분이네요. 도하와 그 부분에 대해서 이야기를 나눠 보고 어머님과 다시 이야기를 나눠도 될까요?'와 같이 학생의 입장을 들어본 뒤 어머님의 요구와 학생의 요구를 조율해도 좋습니다.

　보호자의 불안한 마음을 읽어주되 해결은 좀 더 신중히 알아본 후 해결해도 괜찮습니다. 보호자의 대화 내용 자체 보다는 마음돋보기를 활용하여 대화 속에 숨겨진 보호자의 마음을 읽어주는 것이 더 필요합니다. 그렇게 하는 것이 선생님과 학생, 보호자 모두의 요구를 더 잘 충족시킬 수 있는 방법입니다.

마음돋보기를 꺼내세요!
이렇게 말하면 좋아요!

보호자에게 처음 듣는 학생의 고민일 경우

"학생이 그런 고민이 있었다니 걱정이 됩니다. 보호자님께서 알려주셔서 감사합니다. 우선 학생과 이 부분에 대해서 이야기를 나누고 다시 연락드리도록 하겠습니다."

학생이 이야기했던 부분일 경우

"학생이 상담을 요청해서 알고 있었습니다. 보호자님께서도 고민이 있으셨군요. 이 부분의 문제가 어떻게 해결되기를 원하시나요?"

대부분 학생들이 걱정하는 고민인 경우

"모든 학생들이 어려워하는 부분입니다. 바로 해결할 수는 없지만, 함께 시간을 가지고 해결책을 찾아나가도록 하겠습니다."

"앞으로 학교에서도 학생의 성장을 위해 지켜보고 격려하겠습니다. 보호자님께서도 학생이 잘 해냈을 때 응원과 지지 부탁드립니다."

새로운 시각으로 자녀(학생) 바라보기

　흔히 청소년기를 '질풍노도'의 시기라고 하지요. 껍질을 깨고 나온 작은 새가 날개를 펼칠 때까지 넘어지고 일어서는 경험을 하는 것처럼 청소년기는 성장을 위해 성장통을 겪습니다. 자녀가 아기였을 때의 모습은 없고, 언제 이렇게 커서 '내가 알아서 할게.'라는 말을 거침없이 뱉는 시기가 왔습니다. 부모님들도 집에서 달라진 자녀의 모습을 보며 많이 당황스럽기도 하고, 어떻게 대해야 할지 난감하기도 합니다.

　우리가 보호자의 마음을 이해하고, 새롭게 자녀를 바라볼 수 있는 기회를 만들어보면 어떨까요? 문제에 대해서만 이야기하는 게 아니라, 강점에 초점을 두고 자녀의 강점을 이야기할 수 있도록 질문을 해보는 것이지요. 마음돌보기를 장착하고 호기심에 찬 자세로 말입니다. 이야기를 나누다 보면 우리는 모르던 학생의 새로운 모습도 발견할 수 있고, 보호자는 '아 우리 아이가 이런 면이 있었지.'라는 생각으로 새로운 깨달음을 얻을 수 있는 기회가 되기도 합니다. 학생을 새롭게 이해하는 시간이 되고, 신뢰 형성에도 도움이 됩니다. 보호자는 학생을 중심으로 함께 가는 동반자이기에 강점 기반 대화로 서로 견고한 관계를 만들어가는 것을 추천합니다. 보호자가 보는 우리 아이의 강점은 무엇인지 다음의 목록을

참고하여 질문해 보세요. 대답을 하는 분들의 표정에서부터
편안함이 느껴지실 것입니다.

마음돋보기를 꺼내세요!

자녀(학생) 강점에 대한 질문목록

- 자녀가 자랑스러웠던 순간은 언제인가요?
- 학교생활에서 대견한 부분은 무엇인가요?
- 상을 받거나 좋은 결과를 받았던 적은 언제인가요?
- 자녀가 편안해하는 환경이나 장소는 어디인가요?
- 친구들이 자녀에 대해 좋아하는 점은 무엇인가요?
- 선생님들의 칭찬을 받은 적은 언제인가요?
- 자녀가 믿음직스러웠던 적은 언제인가요?
- 자녀가 잘하거나 좋아하는 것은 무엇인가요?
- 자녀가 즐기는 운동은 무엇인가요?
- 자녀가 스스로 즐겁게 하는 일은 무엇인가요?
- 주로 받는 칭찬의 내용은 무엇인가요?
- 꾸준히 하고 있는 활동은 무엇인가요?

○ 야무지게 해내는 집안일은 무엇인가요?

○ 가족과 할 때 즐거워하는 일은 무엇인가요?

○ 앞으로 같이 해보고 싶은 것은 무엇인가요?

○ 10년 후에 우리 아이와 나는 어떤 모습일까요?

학교 상담에 있어서 보호자는 반드시 함께해야 할 존재입니다. 보호자의 참여는 학생의 행동 변화를 일으키는 데 더욱 효과적입니다. 따라서 소통하는 것을 멈추지 않아야 합니다. 학생의 성공적인 학교생활을 위해서는 군센 협력이 필요합니다. 보호자도 자신이 환영받는다는 느낌이 들면 더 적극적으로 이야기를 공유할 수 있습니다. 우리가 함께 만들어간 좋은 관계는, 차후 학생에게 어려움이 생겼을 때 해결 방법을 함께 모색할 수 있는 튼튼한 자원이 됩니다.

5장.

학교 상담
알아가기

마음챙김으로 준비하는 학교 상담

'선생님 마음'에 머무르기

'선생님으로서 가장 중요한 가치는 무엇인가요?'

퇴근 후 지하철을 타고 돌아오는 길에 보이는 한강에 붉은 노을이 비쳐 한없이 눈이 부셨습니다. 너무 눈이 부셔 눈물이 차오르는지도 몰랐던 하루이기도 합니다. 선생님이 되기 전 사기업에 근무했던 어느 날 다니던 회사의 '이익'을 위해서만 모든 시간을 쏟아야 하는 스스로에게 회의감, 허탈감이 찾아왔던 것 같습니다. 누군가의 삶에 성장을 돕고 의미 있는 시간을 쓸 수 있는 것은 무엇이 있을까 고민하고 또 고민했던 나날을 보냈었어요. 하던 일을 쉽게 그만두기엔 두려웠습니다. 20대 후반 주변 사람들은 대학원을 졸업하고 박사학위를 받거나, 좋은 사람을 만나 이른 결혼 소식을 전하기도 하고, 누구나가 다 아는 대기업에 입사해서 승진 소식을 전하며 다들 멋진 인생의 작품들을 만들어가고 있었거든요. 소위 '잘 나가는 사람들의 소식'을 들으며 저만 못하는 것 같아 조바심도 느껴졌습니다. 지금의 직장 생활에 만족하지 못하지만 이미 선택한 결정에 변화를 주기엔 걱정이 너무 많았습니다.

고민이 깊어지던 날, 평소 존경하던 교수님께 고민을 털어놓았어요. 저의 진로 고민을 들으신 교수님은 이내 '네가 진정으로 원하는 일. 그 일. 그냥 하렴.', '하면 되지!'라고 아주 명쾌하고, 짧게 대답해주셨어요. 어쩌면 누군가에게 확실한 답변을 듣고 싶었나 봅니다. 교수님의 대답은 짧지만 강렬한 인상을 남겼고, 고민 끝에 누군가의 성장을 돕고, 의미 있는 시간을 쓸 수 있는 일은 '선생님'이 되는 것이란걸 깨달았습니다. 네, 이후 곧장 노량진 임용고시 학원으로 향했지요. 그리고 '학생들의 성장을 돕고자 노력하는 선생님'이 되는 것이 스스로에게 중요한 가치임을 알고, 이를 동기 삼아 지금껏 학생들과 만나고 있답니다.

"선생님도 선생님이 되고 싶었던 나름의 이유가 있으셨을 것 같아요. 선생님은 왜 지금의 일을 선택하게 되셨나요?"

누군가의 어려운 이야기, 힘들고 부정적인 감정들을 듣고 있다 보면 제 마음도 물들고 있는 느낌을 받기도 합니다. 때론 감정의 무게에 짓눌려 기운이 빠지는 순간들을 마주하기도 합니다. 그렇기에 학생들의 이야기를 듣는 순간순간이 학생의 수 많은 성장의 시간 속 '일부분'이 된다는 의미를 되새겨봅니다. 학생의 성장을 도울 수 있다는 보람과 가치를 기억하며 마음을 담담하게 가다듬고 있지요. 그럴 땐 무거웠던 마음이 다시 가뿐해지는 느낌을 받기도 합니다. 선생님에게 중요한 가치는 우리가 힘든 상황과 순간들을 마주할 때면 이를 극복할 수 있도록 돕기도 한답니다. 그렇기에 선생님에게 중요한 가치를 찾아보는 것은 학교 상담을 효과적으로 해내는데 '동기'를 키워줄 수도 있지요. 아래의 질문들은 선생님으로의 나에게 중요한 가치를 찾는데 유용한 질문 목록입니다.

마음돋보기

선생님의 가치탐색 질문

○　선생님에게 가장 중요한 가치는 무엇인가요?

○　선생님이 되고 싶었던 이유는 무엇인가요?

○　선생님으로서 가장 좋은 점은 무엇인가요?

○　학급에서 선생님의 가치를 실현하기 위해 지켜야 할 것은
　　무엇인가요?

○　당신의 학급에 속해 있다는 것은 학생들에게 어떤 의미를
　　가질까요?

<학교에서의 동기강화 상담(keith C. Herman 저. 박학사) 中>

　　학년 협의회가 있던 날 어느 선생님은 이 질문을 듣곤 담임, 부장, 학생 생활지도, 수업 등 모든 것을 완벽하게 해내려하다 보니 자연스레 조급하고 불안감이 느껴진다고 이야기했습니다. 완벽히 해내는 것이 중요하다는 스스로의 가치를 조금 내려놓으면 자신의 조급함, 불안감을 떨칠 수 있을 것 같은데 어떻게 해야 할지 고민이라면서요. 이외에도 우리 각

자가 중요시 여기는 가치는 다양할 겁니다. 그리고 학생을 대하며 느끼는 의미와 실제 나의 모습이 다르다면 '불일치감'을 느끼고 불편할 수도 있을 거예요. 실은 선생님의 중요한 가치를 실현하며 일을 하기에는 현실적인 어려움과 마주할 수 있습니다. 그리고 방해가 되는 상황과 마주했을 때 우리는 화가 날 수도 있고, 눈물이 나거나 텅 빈 감정을 느낄 수도 있지요. 앞 장에서 이야기했듯이 감정을 적절하게 표현하지 않으면 어느 순간 조절이 어려운 상태를 마주 할 수 있으므로 우리는 스스로의 마음을 잘 챙겨보는 것이 중요하답니다.

아주 작은 마음챙김부터 시작하기!

마음을 챙긴다는 것은 현재의 경험에 집중하고 나의 몸이 감각과 느낌을 충분히 경험하는 것을 뜻합니다. 즉, 지금 있는 그대로 자신이 느껴지는 것에 머무르는 상태이지요. 마음챙김이라고 하면 사람들은 명상을 하는 장면을 떠올리며, 소수의 사람들이 하는 것이라고 어렵게만 느낍니다. 하지만 마음챙김은 누구나 할 수 있으며 우리의 마음속 틈새를 만들어주는 것만으로도 충분합니다. 비 온 뒤 구름 떼 사이에서 햇빛이 새어 나오듯 바쁜 일상에 틈새를 만들어 주는 거지요.

이 틈새는 힘들고 부정적인 감정들 속에서 내가 현재 어떤 생각들을 하고 있는지 돌볼 수 있게 해줍니다. 틈새 사이로 우울, 불안, 슬픈 감정들은 흘려보내며 부정적인 생각과 달리 '다른 생각'을 선택할 수 있음을 깨닫기도 하구요.

출근길 차 키를 두고 온 스스로에게 '아…. 바보.'라고 이야기하며 '오늘따라 왜 이렇게 피곤하냐….'라는 혼잣말을 하던 때가 있었습니다. 그런데 마음챙김을 시작하면서 실수투성이인 스스로를 돌보는 하루하루가 펼쳐졌어요. 운동 가는 길에 슬리퍼를 신고나온 스스로에게 '아…. 머리로는 운동이 중요한 걸 알지만 나의 발은 쉬고 싶었나 본데?'라며 유머도 할 수 있는 마음의 여유가 생겼습니다. 이런 틈새는 학교생활 중 유용하게 활용되기도 합니다. 우리는 학생들과 수 많은 상호작용을 하기에 많은 감정들이 오갈 수밖에 없습니다. 그 안에서 선생님 스스로 느껴지는 생각, 감정을 아주 작게나마 챙긴다는 것은 스스로에게 빛이 나올 수 있는 틈새를 만들어 주는 거예요. 내가 스스로를 힘들게 하는 생각이 아닌 다른 선택을 할 수 있는 기회가 되기도 합니다.

무엇보다 마음챙김을 한다는 것은 '좋은 것만 경험하는 것'이 아니라 '경험되어지는 감각과 감정을 충분히 경험하는 것'입니다. 마음챙김에서 이야기하는 마음의 종류는 세 가지로 감정마음, 이성마음, 지혜마음으로 나눕니다. 감정마음은 내 감정이 주도권을 쥐고 있을 때의 마음 상태이지요. 이성마음은 차갑고 합리적, 논리적, 계획적이며, 이성마음 상태에서 감정은 전혀 고려되지 못합니다. 지혜마음은 이성과 감정의 조화를 이룬 상태로 모든 사람이 지니고 있는 평화롭고 고요한 상태입니다. 마음챙김은 곧 지혜마음 상태로 향하는 것입니다.

아침에 눈을 떠서 몸과 마음의 무게로 출근하기 힘들다는 생각이 스치던 날이었습니다. 그날따라 아침에 커피 한잔이 유독 생각났지요. 까페에서 커피 한잔과 함께 좋아하는 음악을 들으면 더할 나위 없을 것 같았습니다. 하지만 출근도 해야 하기에, 지혜마음의 힘을 발휘하여 서둘러 출근하여 평소 좋아하던 카페에서 커피를 테이크아웃 해 가는 것을 선택했지요. 덕분에 힘들었던 출근길이 조금은 기운이 났습니다. 짧은 순간 우리의 일상에서 스스로 하는 생각, 감정을 인식하며 마음을 챙기는 것은 행복한 삶으로도 연결시켜 준답니다.

어렵지 않습니다. 마음챙김은 지혜마음을 지향하기에 이 글을 읽고 계신 선생님도 충분히 해낼 수 있습니다. 긍정심리학에서 긍정적 경험은 크기와 상관없이 의미 있는 힘을 발휘한다고 합니다. 행복심리학의 대가 최인철 교수님도 '아주 보통의 행복'을 경험하는 것이 중요하다고 이야기하고요. 마음챙김도 마찬가지입니다. 마음챙김은 일상에서 쉽게 시도해

볼 수 있습니다. 마음을 챙기는 것은 학생의 성장을 도울 수 있는 안전한 상담을 준비하는데 작은 씨앗을 심는 것과 같아요. 큰 나무의 시작은 작은 씨앗에서 출발합니다. 작게 시도하는 마음챙김의 순간들이 모여 우리가 아이들과 좀 더 잘 지낼 수 있는 마음속 '여유'라는 공간을 만들어낼 수 있지요.

일상을 보내다 보면 정말 시간이 어떻게 지나갔는지도 모른 채 하루가 끝나는 경험, 누구나 있을 거예요. 오죽하면 순간 삭제됐다는 '순삭'이란 말이 생겨났을까요. 저도 힘든 감정으로 휘몰아칠 때면 고요히 숨을 크게 쉬어보곤 합니다. 뱃속 깊숙이 모든 숨을 복잡한 감정들과 함께 몸 밖으로 '후우~'하고 휘파람이 날 정도로 크게 내뱉어보며 '부디 평안하기를' 바라기도 합니다. 바로 짧은 순간에도 제 마음을 다독이며 '마음챙김'을 해보는 것이지요. 이처럼 마음챙김의 방법은 우리가 흔히 알고 있는 명상도 있습니다. 감각을 활용한 감각명상, 호흡명상 등 다양한 방법을 활용할 수 있습니다.

상담은 상대방의 마음을 고요히 수용해주는 작업이 필요합니다. 이를 공감이라고도 하고요. 상담에서 가장 기본적인 원리는 적극적 경청, 공감이란 것은 한 번쯤 들어보셨을 겁니다. 공감은 상대방의 마음, 감정 상태를 마치 자신의 것처럼 느끼고 이를 상대방에게 비춰주는 것입니다. 결국 학생들과의 대화에 공감하려면 선생님의 마음에 '여유'가 있어야 합니다. 꽉 찬 물컵에 물을 담으면 넘치듯, 선생님의 마음에 다른 감정, 생각들로 꽉 차 있다면 학생의 마음을 제대로 비춰보기도 어려울 뿐만 아니라, 학생과 선생님 간 서로가 안전하지 못한 상담을 진행할 수 있습니다. 우리가 서로 편안하고 즐거운 상담을 하기 위해선 선생님의 마음에 공간이 있어야 한답니다. 마음을 비우는 방법에는 여러 가지가 있겠지만 '마음챙김'을 통해 바쁜 일상에서 선생님의 마음에 여유를 만들 수 있는 방법을 제안하고자 합니다.

학교에서의 바쁜 나날 속에서 마음챙김을 할 시간이 도저히 없다고 느껴질 땐 다음에서 제시하는 마음챙김 목록을 활용하여 실천해보는 것을 어떨지요? 나를 위한 단 1분의 시간, 하루 24시간 중에서 선생님을 위한 '쉼'을 꼭 만들어 보시길 바랍니다.

마음돌보기

아주 작은 마음챙김을 할 수 있는 순간들

- 출근해서 좋아하는 차를 마시기
- 컴퓨터 버튼을 누르기 전 내쉬는 숨을 크게 내쉬며, 마음속으로 자기친절을 표현하기 (자기친절이란 스스로에게 보내는 자애 메시지입니다. 이를테면 '오늘도 충분히 평안하기를', '충분히 행복감을 느끼기를'이 있지요.)
- 딸깍하고 펜 꼭지를 누를 때 [1]
- 수업 시, 교실 문을 열려고 할 때
- 출석을 체크하려고 출석부를 열었을 때
- 머그잔, 텀블러, 물병에 물을 채울 때
- 복도를 걸어갈 때
- 학생들 앞에서 말하기 직전에

---

1) 『어떻게 아이 마음을 내 마음처럼 자라게 할까』크리스토퍼월리드. 불광출판사. 2022.

마음돌보기
아주 작은 마음챙김을 하는 방법

○ 가만히 앉아 나의 호흡에 집중해보기. 들숨과 날숨을 느끼고 들숨
보다 날숨을 길게 내쉬며 10회 이상 반복하기

○ 좋아하는 잔을 준비해두고 즐겨 마시는 커피, 차 마시기

○ 좋아하는 향의 핸드로션을 바르고 코끝의 향기를 느껴보기

○ 마음이 편안해지는 그림, 사진을 모니터 앞에 붙여두고 바라보기

○ 나에게 힘이 되어주는 문구를 써 붙여두고 자주 보기

○ 신체감각에 집중하고 발끝부터 머리끝까지 천천히 바디스캔 하기

○ 시원한 바람 소리, 물소리와 같은 자연소리에 귀 기울이기

○ 평소 좋아하는 음악 듣기

학생들과 함께하는 마음챙김

마음챙김은 학교에서 상담을 시작하고 교직 생활을 이어가는 데, 선생님 스스로의 심리적 에너지를 조절하는 데 많은 도움이 될 수 있습니다. 교사의 소진을 예방할 수도 있습니다. 나아가 마음챙김을 학생들에게 적용해본다면 감정조절이 어려운 학생들이나 평소 자기 인식이 부족한 학생들에게도 효과적입니다. 학교에서 학생들에게 마음챙김을 시작하는 것도 '아주 작고 사소한 것'부터 시작해 볼 수 있습니다. 이를테면 호흡하기, 음악 듣기 같은 활동들이지요. 그럴 땐 학생들에게 다음처럼 이야기해 보신다면 훨씬 더 부드럽고 자연스럽게 마음챙김 활동[2]을 적용할 수 있을 것입니다.

"오늘은 우리가 함께 마음챙김 활동을 해보도록 하겠습니다. 마음챙김이란 스스로를 판단하지 않고 나의 상태를 알아차리는 것입니다. 우리의 마음을 지금 여기에 집중할 수 있도록 '오늘의 나' 활동을 해 볼 거예요. 한 번에 한 가지에만 주의를 기울이고, 바로 지금, 이 순간을 온전히 느껴 봅시다. 우리는 때때로 과거나 미래에 대한 생각 때문에 지금-여기에

---

2) 〈위기사안별 개인상담프로그램 마음새이프(SAFE), (교육부, 2023) 中〉

집중하기 어렵습니다. 하지만 지금-여기에 집중하면 나의 지금 상황과 상태에 대해 더 잘 이해할 수 있습니다. 완전히 집중해서 음악 듣기, 음식 먹기, 향기 맡기를 연습하는 것이 도움이 될 수 있어요. 그럼 지금 여기에 집중해보는 시간을 갖도록 하겠습니다. 지금, 이 순간 나에게 일어나는 일을 알아차려 보는 것입니다. '오늘의 나' 활동은 관찰하기입니다. 앞으로도 '오늘의 나' 활동을 꾸준히 연습한다면 더욱 도움이 될 것입니다."

"나의 머리, 목, 어깨, 팔, 배, 등, 다리, 발까지 천천히 전신의 감각을 느껴보겠습니다."

"긴장되는 몸의 부분이 있나요?"

"몸의 어디가 편안하게 느껴지나요?"

"지금 내 몸에서는 어떤 느낌이 나나요?"

학생들에게 위의 질문들을 할 때 선생님은 차분한 말투로 자신만의 속도를 유지하며 이야기해 주면 됩니다. 활동이 끝난 후, 짝과 함께 지금 여기에 집중한 느낌은 어떤지 나눌 수 있는 기회도 주면서 말이지요. 활동을 하는 동안 어떤 생각이 들었는지 질문해주셔도 좋습니다. 학생들은 이 과정을 통해서 학생들이 지금 여기에 집중하고 몸의 감각을 느끼는 것의 중요성을 알아차릴 수 있습니다.

다만, 학생들과 마음챙김 활동을 하다 보면 어떤 학생들은 어색하고 낯선 경험이라 여기고 활동에 집중을 잘 하지 않고 웃어넘기려는 모습을 볼 수도 있습니다. 자신의 마음을 있는 그대로 들여다보는 연습을 해 본 적이 거의 없기 때문에 학생의 이러한 반응은 매우 당연하고 정상적인 반응입니다. 학생이 집중하지 못하는 자신을 발견한 것에 대해 격려하고, 다시 마음챙김의 순간 속으로 학생을 초대해 주세요.

　"다른 생각이 났구나. 원래 처음에는 쉽지 않아. 현재 이 상황
　을 알아차리고 다시 마음을 지금 여기로 가지고 오면 된단다."

　학생들과 함께 마음챙김을 할 때 중요한 것은 학생들이 이 활동을 통해 '긍정적인 경험'을 해보는 것입니다. 자신의 마음을 알아채고 바라볼 수 있는 것의 중요성을 느끼려면 경험 자체가 편안해야 합니다. 그래야 다음번에 혼자 있을 때에도 계속해서 마음챙김을 해 보려고 시도하게 될 것입니다. 따라서 어떤 틀과 규칙에 얽매이지 마시고 학생의 특성을 파악한 후, 가장 편안한 방식으로 시도해보세요. 학생들에 따라 눈을 감는 것을 어려워 할 수도 있고 바른 자세로 앉는 것을 거부할 수도 있습니다. 자신이 가장 편안하게 느껴지는 자세로, 눈은 떠도 좋다고 이야기해 주세요. 그 마음 자체를 느끼는 지금-

여기가 가장 중요하다는 것을 강조하면서 말이지요. 마음 챙김 활동은 모든 학생들에게 적용이 가능합니다. 마음 챙김 활동을 매시간 5분씩 진행하다 보면 학생들은 이를 몸소 체득하고, '자기 조절'은 스스로 해 낼 수 있는 것임을 깨닫게 될 것입니다.

학교 상담 분위기 만들기

안전한 첫 대화를 위한 환경 만들기

학교 상담은 학생들의 마음에 어떤 이야기가 담겼는지 살펴보며 경청하는 것이 필요합니다. 상담을 할 때 학생들은 자신에게 중요한 이야기를 꺼내거나 개인적인 이야기를 나누므로 이를 선생님이 소홀히 다루면, 섬세한 학생들은 자칫 상처를 받을 수도 있어요. 그래서 첫 담임, 첫 수업을 준비하듯 상담을 위한 첫 만남을 준비하신다면 선생님과 학생 모두에게 도움이 되는 상담을 진행할 수 있을 거에요. 첫 만남을 준비한다는 것은 학생과 '상담 분위기를 만드는 것'을 의미합니다. 분위기는 공간에서 비롯될 수 있으며 공간은 그곳을 찾는 사람과 서로 영향을 주고받기도 합니다. 이처럼 상담을 하는 장소 또한 학생과 상호작용하며 영향을 미칠 수 있으므로 적절한 상담 분위기를 만드는 것이 필요합니다.

담임선생님의 손에 붙들려서 상담실을 내방한 송이는 중 1입니다. 그런 송이를 먼발치에서 지켜보는 엄마의 눈에는 불안한 모습이 역력했지요. 송이는 상담실 의자에 앉자마자 손을 뜯기 시작했습니다. 송이에게 상담실에 오기까지 어떤 어려움이 있었냐고 질문을 했습니다. 송이는 눈물만 그렁그렁 맺힌 채 아무 말도 하지 않았습니다. 상담을 진행하면서 답답한 나머지 속 터지는 가슴만 쓸어내려야 했습니다. 멀리서 송이 엄마의 불안한 마음도 느껴졌지만, 뒤통수가 뜨거워지는 느낌을 지울 수가 없었습니다. '왜 송이는 말을 안 하는 걸까?', '어떻게 말을 꺼내게 하지?'라는 생각으로 머릿속이 가득 찼습니다.

머릿속에 수만 가지 생각이 들어 일단 송이의 옆자리로 자리를 옮겼습니다. 송이에게 '갑자기 상담을 하러 와서 많이 놀란거야?'라고 송이가 고개를 끄덕였습니다. 이런 송이에게 말랑이, 물, 종이와 색연필을 주었습니다. 지금 마음이 어떤지 그려봐도 좋다고 이야기하였어요. 그러자 송이는 말랑이를 손에 쥔 채 색연필로 구름을 그리기 시작했습니다. 그리곤 힘겹게 입을 열기 시작하였습니다. 이외에도 다음의 상담환경 준비를 통해 학생에게 조금 더 편안한 상담 분위기를 만들 수 있답니다.

마음돋보기

안전한 상담환경 준비 목록

○ 공개된 장소보다는 학생과 편하게 이야기를 나눌만한 장소를 확보

○ 소리가 너무 울리거나 밖에서 잘 들리는지 등을 확인

○ 누가 갑자기 들어오지 않도록 준비

○ 이야기를 나누기에 충분한 시간 확인

○ 간단한 음료, 물, 간식, 휴지 등을 준비(간단한 음료나 간식 등을 미리 준비하여 제공하는 것은 대화의 시작이 쉽지 않은 학생에게 도움이 됩니다.)

○ 인형이나 책, 소품 등 활용 가능(긴장, 불안도가 높은 학생들은 스트레스볼, 말랑이 인형 등 활용 가능)

○ 테이블이나 의자 위치 확인: 학생과 비슷한 높이에서 이야기하는 것이 좋으며, 너무 정면으로 마주 보지 않는 위치가 좋음

송이에게 안전한 환경을 제공하는 것은 대화 시작의 첫걸음이 됩니다. 상담을 시작할 때 학생이 먼저 이야기할 수

있는 기회를 제공하는 것은 안전한 시작을 돕습니다. 사례 속 송이에게 상담을 온 현재의 마음을 먼저 물었더니 자신의 '걱정과 불안'을 이야기한 것처럼 말이지요. 또한 이야기를 먼저 할 수 있는 기회를 얻은 학생은 상담을 진행하는 선생님에 대한 신뢰감을 가질 수 있습니다. 이는 곧 말을 하지 않던 학생과 선생님이 '대화를 안전하게 시작'할 수 있게 만들어 주기도 하고요. 상담 분위기는 장소나 환경을 포함한 선생님의 준비를 의미하며 상담 분위기 준비를 통해 선생님도 대화를 어떻게 할지 머릿속으로 그려보며 좀 더 편안한 대화를 나눌 수 있습니다.

상담하는 선생님 모드로 전환하기!

학급 게시물을 가지고 학년 교무실을 다니는 중이었습니다. 우연히 2층 교무실에 들어섰을 때, 여학생 한 명이 어색한 자세로 서 있었습니다. 담임선생님은 여학생의 잦은 지각을 지도하는 중이었습니다.

"선생님이 너한테 관심을 안 써주길 원하니?"

"이렇게 자꾸 지각하면 선생님도 그냥 신경 안 쓸 거야."

"어제도 지각 안 하기로 약속했잖아! 내일 어떻게 하는지 두
 고 볼 거야!"

알고 보니 여학생은 잦은 지각과 결석으로 담임선생님의
반복된 지도에도 변화가 없었습니다. 그럼에도 불구하고
담임선생님은 학생을 졸업시키기 위해 애를 쓰고 계셨고
요. 학생이 이처럼 선생님과의 약속도 자주 어기며, 지각,
결석하는 행동에 변화가 없으면 지도하는 선생님도 지치기
마련입니다.

다시 여학생의 이야기로 돌아가 볼게요. 이번에는 학생
의 모습을 관찰해봅시다. 여학생은 다른 선생님들이 다 듣
는 장소에서 선생님의 훈계를 들어 뻘쭘한 나머지 몸을 꼬
며 불안한 모습을 보였습니다. 담임선생님이 이야기하는
동안 오가는 다른 선생님, 친구들의 눈치를 보느라 막상 담
임선생님의 이야기에 집중이 되지 않았습니다. 결국 오늘
도 선생님의 훈계로 불편한 마음만 남겨졌습니다. 선생님
또한 불편한 마음은 마찬가지겠지요. 그렇다면 이 여학생
에게 어떻게 해야 도움이 되는 대화를 나눌 수 있었을까요?

학생과 효과적인 대화를 하기 위해선 선생님의 모드전환
을 한 후 시작해야 합니다. 하지만 상담을 하는 선생님으로

의 모드전환은 그냥 되지 않습니다. 상담을 하는 선생님 모드로 전환할 수 있는 '마음돌보기'가 필요하지요. 학급에서 학생들을 지도할 때의 나와 학생을 상담할 때의 나의 모습이 다를 수 있기 때문이에요. 키보드에서 영어를 치고 싶을 때 한글, 영어 모드를 바꾸는 키가 있듯이 선생님도 모드를 전환하는 자신만의 방법이 필요합니다. 아래의 방법은 상담하는 선생님으로의 모드전환을 위해 활용할 수 있는 마음돌보기입니다.

마음돌보기

상담하는 선생님 모드전환 방법

- ○ 따뜻한 차를 마시며 곧 만날 학생을 떠올려보기
- ○ 학생과 상담할 때 선생님만의 상담 수첩을 따로 준비하기
- ○ '상담 중'이라는 팻말을 교실이나 학년 교무실에 걸어두고, 환경을 만들기 위한 의식적인 노력하기
- ○ 지난 상담 기록을 다시 한번 살펴보기

○ 오늘 학생과 어떤 이야기를 할지 키워드로 메모하기

○ 나의 책상 옆에 간이 의자를 두기: 의자를 두고 학생을 앉혀 이야기하기

모드전환은 어쩌면 학생과 상담을 하는 선생님에게 더 중요할 수 있습니다. 학생들과 거리를 두고 싶어지는 상태에서, 상담을 할 준비가 되지 않은 채 학생들과 만나 상담을 지속하다 보면 어느새 학생과 마음의 거리는 더욱 멀어지고 결국 상담을 하는 목적과도 멀어지게 됩니다. 상담은 학생과 우리 모두 학교 생활을 더 좋아지게 돕기 위해 대화를 하는 것인데, 서로의 관점에서 차이점만 발견하고 상담이 끝나버릴 수 있어요. 반대로 선생님이 상담을 하는 선생님 모드로 잘 준비되어, 학생과 편안한 장소에서 이야기가 잘 진행된다면 처음부터 변화가 생기진 않더라도 지속적인 상담을 가능케 하고, 결국 서로가 원하는 목적지에 다다를 수 있게 됩니다.

상담은 어쩌면 이런 준비가 더더욱 필요합니다. 상담이

란 장면은 학생들의 마음속 깊이 어떤 이야기들이 있는지 들어보고자 하는 자리이고, 학생들은 자기에게 중요한 이야기를 꺼내거나 개인적인 이야기들을 해야 할 수 있으므로 어느 때보다 안전하고 편안한 대화를 할 수 있어야 합니다. 이를 위해 환경적인 준비뿐만 아니라 선생님이 학생들의 이야기를 잘 들어줄 수 있는 마음 공간의 여부를 알아보기 위해선 다음의 질문을 통해 스스로의 마음과 몸의 컨디션을 체크하는 것이 필요합니다.

"오늘 잠을 잘 주무셨나요?"
"오늘 식사는 잘 하셨나요?"
"아픈 곳이 있나요?"

우리 스스로에 대한 기본적인 욕구가 충족되지 않으면 예민하고, 짜증스럽고 불쾌함을 경험할 수 있습니다. 반대로 충분히 잠을 잤다면, 들을 수 있는 마음의 공간이 확보됩니다. 만약 위 질문에 답을 하면서 스스로 '마음 공간에 여유가 없음'을 확인할 경우 학생과의 예민한 상담은 미루는 것이 좋습니다. 물론 자해, 학생자살위기처럼 고위기 상담의 경우 교내 위(Wee)클래스 혹은 상담 전문기관에 의뢰를 함으로써 전문가의 상담지원을 돕는 것이 우선입니다. 상담을 집중적으로 해야 하는 시기에는 평소 업무를 분배하고 우리가 너무 무리하지 않도록 조절할 필요가 있습니다. 그리고 아픈 몸을 이끌고, 학생상담을 무리해서 하지 않도록 유의해야 합니다.

나의 친한 친구가 고민을 이야기할 때, 나는 어떤 모습인가요?

오랜만에 만난 친한 친구가 고민을 털어놓습니다. 최근에 부모님과의 갈등도 힘들고, 일도 버텨내야 한다는 압박감에 어렵기만 하다며 지극히 사적인 이야기를 꺼내놓을 때, 당신은 어떤 모습을 보일지 떠올려보세요. 아마도 당신은 친구에게 따스한 눈빛을 보이며 연신 고개를 끄덕일 겁니다. 그간 혼자 고민하고 누군가에게 털어놓지 못한 친구의 아픔을 몰라줘 미안한 마음도 들지 모릅니다. 이후 친구의 이야기에 집중한 채 열심히 들어주려 노력할 거예요.

상담에서 잘 들어준다는 것은 나의 친한 친구가 나에게 고민을 털어놓을 때 보여주었던 '내 모습'을 상담 장면에서도 활용해보는 겁니다. 상담심리학에서 '경청'은 적극적 경청이 필요하다고 그 중요성을 설명하고 있습니다. 학생의 의견을 잘 들어준다는 것은 선생님의 입장에서 생각, 의견을 포기하는 것이 아닙니다. 상대방이 하는 이야기에 귀 기울여 듣고 잘 듣고 있음을 돌려주는 것이지요.

학생의 이야기를 듣다 보면 문제를 해결하고자 하는 답답한 마음에 경청하는 모습은 온데간데없고 어느 순간 '연설'을 늘어놓을 수 있습니다. 그렇기에 경청하는 방법을 알고 활용한다면 앞에 있는 상대의 이야기를 충분히 들어주고, 상대로 하여금 '나의 이야기를 선생님이 참 잘 들어주고 계시는구나!'라는 마음이 떠오르게 만들 수 있을 거예요. 학교에서 첫 상담을 했던 학생으로부터 상담이 끝나고 받았던 편지가 아직도 잊혀지지 않습니다. 엄마를 사고로 잃었던 고1 학생의 상담 종결 후 받은 편지에는 고운 글씨로 "들어주셔서 감사합니다."가 적혀있었습니다. 이 10글자 때문에 저는 '잘 들어주는 선생님'이 되자고 마음먹었던 계기가 되었습니다.

선생님도 친구의 고민을 들어주던 것처럼 학생과의 대화에서도 경청하는 자세를 보여준다면 충분히 잘 들어줄 수 있을 겁니다. 지금부터 학교에서 만난 다양한 학생들과 선생님들의 이야기를 전해보려고 합니다. 그리고 그 이야기들이 학교에서 학생들과 더 즐겁게 대화하고 싶은 선생님들에게 보탬이 되기를 바랍니다.

 학생과 대화를 시작하기에 앞서 먼저 대화를 하기 위한 환경 만들기부터 시작해보려 합니다. 아무리 즐거운 대화도 시끄럽고 정신이 없는 장소에서는 전달에 한계가 있을 수밖에 없기 때문입니다. 선생님에게 상담이 어떻게 진행될 것인지 들은 학생들은 어떤 마음이 들까요? 이 상담이 어떤 방향으로 나아가는지, 자신이 한 이야기가 비밀 보장이 된다는 것 등을 알면 모호했던 마음이 안심이 될 겁니다. 상담을 하는 것에 대한 불안한 마음이 줄어들고 자신이 변화할 수 있다는 희망이 생기기도 합니다.

 상담선생님을 너무 좋아하는 연재는 매 쉬는 시간마다 상담실 문을 열고 들어오면서 '선생님! 제가 오늘요~'하고 이야기를 시작합니다. 오늘 있었던 이야기나 친구들과의 관계 속에서 경험한 기분부터 친구의 생각까지도 유추하며 자신이 느끼고 경험했던 모든 것을 이야기하고 싶어 수업 종이 울렸음에도 상담실을 떠나지 않습니다.

 이런 경험 있으신가요? 교실뿐만 아니라 교무실을 보면 자주 찾아오는 학생들이 선생님을 붙잡고 한없이 이야기를 늘어놓습니다. 초등학교 교실에서 담임선생님은 어떨까요? 선생님은 늘 찾아오는 학생들의 이야기를 들어주느라 업무를 하지 못하는 경우도 일상입니다. 이럴 때 상담에 대한 구조화가 필요합니다. 상담을 원할 때에는 선생님과 미리 약속을 정하고 얼마 동안 이야기할지 안내해 줄 필요가 있습니다.

연재에게 우리는 어떻게 해야 할까요? 연재와 이야기를 하기 위해 선생님은 이렇게 말해줄 수 있습니다.

"연재야! 우리의 다음 상담을 목표로 점심을 먹고 ○○시까지 상담을 20분 동안 해볼 거야."

매 쉬는 시간뿐만 아니라 점심시간에도 점심을 거른 채 선생님을 찾아오는 연재에게 점심을 먹고 선생님과 충분히 상담을 할 수 있는 상담 시간을 안내해 주어 안전한 상담 분위기를 만들 수 있습니다. 이후 상담을 진행하는 목적을 설명해주어야 합니다. 이때 선생님은 다음의 자세[1]를 유지하는 것이 중요합니다.

---

1) Egan의 SOLER기법으로 상담학에서 기초적인 경청에 대한 기술을 말한다. Squarely Face Open posture, Leaning forward, Eye contact, Relaxed body의 두문자어로 만든 말이다.

- ○ 학생과 정면으로 마주보기
- ○ 학생이 이야기하는 어려움, 문제에 대해 인정하기
- ○ 학생에게 약간 기울어진 자세를 유지하기
- ○ 학생과 자연스럽게 눈을 마주치기
- ○ 상담을 진행하는 선생님은 자연스럽고 편안한 자세를 유지하기

<상담심리학의 이해(노안영 저, 2005) 中>

상담은 언어뿐만 아니라 비언어적인 자세를 통해서 상대방으로 하여금 '경청하고 있음'을 전달해 줄 수 있습니다. 경청은 선생님의 태도이자 자세로써 충분히 보여줄 수 있지요. 선생님의 위와 같은 자세를 통해 연재는 안정감을 느끼기도 하고, '선생님이 자신의 이야기를 잘 들어주시는구나!'라는 느낌을 받을 수도 있습니다. 이후 학생을 불렀으면 학생이 말하고 싶은 게 무엇인지 가장 먼저 물어봐 주세요. 이 자리에서 상담을 나누게 된 이유를 학생과 나눔으로써 학생도 스스로 '지금보다 나은 학교생활'을 위한 대화를 시작할 수 있을 겁니다.

처음 학생과 상담을 진행해야 할 때 많은 선생님들이

불안해합니다. 현직 3년 차 선생님들의 1급 정교사 자격취득을 위한 상담역량강화 연수를 하던 날이었어요. 온라인으로 하는 연수라 선생님들께 어떻게 이야기해야 할지 걱정이 많았던 날입니다. 상담과 관련된 연수는 실습이 필요하기에, 온라인에서 실습을 할 경우 매끄러운 연수 진행이 어려웠지요. 1급 정교사 선생님들께 필요한 학생상담을 위한 선생님의 준비사항들을 말씀드리고, 구체적인 대화 질문들을 안내하기 위해 준비를 했어요. 연수가 시작되자 선생님들은 학생상담은 '공감', '이해', '학생들과의 소통'이란 단어들이 떠오른다며 이야기해 주었습니다. 이를 통해 이미 선생님들이 마음 한켠에 학생상담을 잘하기 위해 많은 관심과 노력을 하고 있음을 확인할 수 있었습니다. 그러면서도 선생님들은 노력을 하고 어려움을 지닌 학생들의 사례를 이야기 나누며 이 학생들과 상담을 통해 도움을 주고 싶은데 어떻게 해야 할지 걱정과 불안한 마음을 표현해 주기도 하였습니다.

"어떻게 이야기를 시작해야 할지 모르겠어요!"

처음 학생과 만났을 때 위의 질문이 떠올라 걱정이 된다면 다음의 두 가지 방법을 제안드립니다.

첫 번째, 학생과 오늘 상담을 하기로 한 이유를 떠올려주세요. 우리에게 시간은 정해져 있고 업무와 수업으로 인해 에너지는 부족합니다. 이것은 학생도 마찬가지입니다. 하루의 바쁜 일과가 진행되고 있고, 그 와중에 선생님과 마주 앉았기에 학생의 마음도 바쁘게 지나가고 있을지도 모릅니다. 그렇기에 많은 것을 물어보기보다는 오늘 상담의 목표를 정해 주세요. 친구 관계가 걱정되어 상담을 진행하게 되었다면 친구 관계에 대해서 직접적으로 물어봐서도 됩니다. 또는 '반에서 가장 친하게 지내는 친구는 누구니?'라고 시작하셔도 좋습니다.

두 번째, 대화의 선택권을 학생에게 줍니다. 질문을 한 뒤에 학생이 대답을 머뭇거리거나 혹은 "꼭 대답해야 하나요?"라고 되물어 볼 때도 있습니다. 그럴 때 학생의 마음을 존중해 주세요. "네가 대답하기를 원치 않으면 대답하지 않아도 좋아." 또는 "선생님이 이전 사건에 대해서 물어본 이유는 너를 더 이해하고 싶어서였는데, 그게 불편했다면 꼭 대답하지 않아도 괜찮아."라고 선생님의 질문 의도가 무엇인지에 대해서 설명해주세요. 학생들은 자신의 마음을 헤아려준 선생님에게 다음 상담에선 더 많은 것을 이야기하고 다가설 수 있을 것입니다.

우리나라 속담에 '첫술에 배부르랴.'라는 말이 있습니다.

첫 상담을 하면서 학생을 깊게 파악하기보다 학생과 상담의 초석을 닦는 시간이란 의미를 기억하셨으면 좋겠어요. 선생님께서 학생을 위하는 마음을 전달하는 첫 시간이라고 생각하며 천천히 진행하시면 됩니다.

학교 상담은 시작이 반이다

처음 교사 발령을 받아서 들뜬 마음을 안고 첫 수업을 준비했던 순간들이 있었습니다. 어떤 말로 시작해야 할지, 수업자료를 준비하면서 학생들에게 어떻게 설명해줄지까지 꼼꼼히 준비를 했었지요. 학생들을 만나서 수업을 진행할 생각에 걱정과 불안도 느껴지지만, 내심 학생들을 만날 생각과 기대로 설레기도 했을 겁니다. 그 순간들을 지나 한두 번 수업을 지속하다 보면 어느새 익숙해지는 순간들이 찾아옵니다. 상담도 마찬가지입니다. 예를 들어 첫 담임으로 조례를 할 때 나의 소개, 우리 반 학생들에게 바라는 점(기대하는 행동)과 몇 가지 규칙들을 고민하고 첫 만남을 위한 복장과 표정은 어떻게 지어야 할지 준비를 했을 텐데요. 상담도 학생들과 대화할 수 있는 환경을 마련하고, 어떤 질문들을 통해 대화를 시작할지 등 일종의 준비가 필요합니다.

상담구조화는 학생에 대한 스케치 과정!

대상을 스케치하려면 많은 '선'들이 필요합니다. 어릴 적 미술 시간을 떠올려볼까요? 사과를 그리는 수채화 시간입니다. 사과라는 하나의 대상을 그려내기 위해 우리는 얼마나 많은 선들을 그리고, 지웠을까요? 동그란 사과의 선을 완성하기까지 여러 차례의 연필선을 그렸을 거예요. 이후 빨갛게 잘 익은 사과의 색깔을 표현하고자 좀 더 묽은 빨간색부터 시작해서 농도가 짙은 진한 빨간색을 칠해봅니다. 그림자를 표현할 때, 검은색이 아닌 남색, 초록색을 섞어보고 검은색에 가까운 어두운색을 만들어 칠한 후, 색깔이 적당히 표현될 경우 확신에 찬 붓끝으로 마무리 합니다.

마치 사과를 그려내듯 상담구조화는 '학생에 대한 스케치' 작업을 하는 과정입니다. 스케치를 제대로 해내지 못하면 채색하기 어렵듯, 상담구조화가 제대로 되지 않으면 학생의 생활지도도 어려워지는 순간들을 마주할 수 있어요. 우성이의 이야기를 들여다봅시다.

얼마 전 학교폭력 사안회의 때의 일입니다. 우성이는 피해 학생으로 근처 다른 학교 친구인 A를 놀려 A에게 두 번의 발차기로 맞게 된 사안이었습니다. 피해 학생은 언어폭력, 가해 학생인 A는 신체 폭력을 했던 건으로 가해, 피해가 중복되어 학생들의 사후 지도를 어떻게 해야 할지도 논의가 진행되었어요. 그러던 중 가·피해 학생의 보호자 이름이 동일한 것을 확인하고 위원들은 한동안 말을 잃었습니다. 알고 보니 두 학생 모두가 같은 쉼터에서 지내는 학생들이었어요.

미리 알았더라면, 학교폭력 사안으로 처리하기 전 화해중재 프로그램 등 필요한 지원이 먼저 개입될 수 있도록 기회를 마련했을 겁니다. 문제가 발생한 다양한 환경이나 사건과 관련된 사람, 학생의 상태 등 전반적으로 알게 된다면 문제해결을 위해 훨씬 도움이 되므로 처음에 학생과 이야기를 시작할 때 이에 대해 알아볼 필요가 있습니다. 상담구조화는 학생에 대한 충분한 정보를 파악하여 효과적인 상담이 가능하도록 하기에 필요한 질문들을 적절히 하는 것이 중요합니다.

우성이가 A와 자주 싸워 담임선생님에게 이야기를 했다고 가정해 봅시다. 서로 싸울 땐 주먹다짐으로 위험한 상황도 종종 생기고요. 이럴 때 우성이에게 "A의 나이가 어떻게 되나요?", "함께 지내는 시간은 많나요?", "다툼이 생기거나 갈등이 있을 때 도와줄 사람이 있나요?", "다른 가족들은 없나요?" 등 여러 가지 상황을 파악해야 합니다. 주먹다짐으로 싸운다는 이야기와 쉼터에서 지내고 있어 상처를 줄 수도 있다는 지나친 배려는 오히려 필요한 정보를 파악하지 못하고 적절한 도움을 제공하지 못할 수 있습니다.

이외에도 가족 형태를 물어볼 필요가 있습니다. 최근 학급지도를 하다 보면 조부모님과 지내는 학생들도 있고, 다문화 가정 등 가족 형태가 다양합니다. 일반가정인 줄 알고 보호자 상담 시 어머님이란 호칭을 썼는데 알고 보니 학생의 '이모'였다는 것을 나중에 알게 되어 민망했던 경험도 있답니다. 보호자가 먼저 말을 안 하거나, 학생이 말을 안 해서 모르고 넘어가는 경우가 있는데요. 필요하다면 적절히 질문하여 학생에 대한 정보를 파악할 필요가 있답니다.

대화의 안내판 역할을 하는 구조화_ '적절한 질문'으로 시작하기

어떤 일로 인해서 '상담을 해야겠다.'고 결정한 사람이 있다고 해보겠습니다. 이 사람은 어떤 계기로 상담을 하기로 결정했을까요? 아마 혼자서는 문제해결이 어렵다거나, 혼자 조절하기 어려운 괴로움으로 이런 결정을 하게 되었을 것입니다. 때로 친구나 가까운 지인에게 말할 수 없는 일로 상담실에 올 수도 있습니다. 보통 상담의 주제가 되는 일들은 개인에게 중요한 의미를 갖고 있고, 어떤 방식으로든 해결되기를 바라는 것들입니다. 따라서 학생들이 선생님에게 '할 말'이 있다고 한다면 그 학생은 지금 선생님에게 자신이 중요하게 생각하는 어떤 일에 대해 같이 이야기하기를 바라고 있는 상황임을 의미합니다.

가까운 친구가 중요한 일을 함께 이야기하자고 할 때 어떻게 하시나요? 만약 집에 친구들을 초대했다면 친구들이 오기전 청소를 하며 공간을 정리할 것입니다. 이처럼 친구의 이야기에 최대한 집중해서 듣고 신중하게 의견을 말하면서 내 친구의 고민에 도움이 되기를 바랄 것입니다. 또 이야기를 하고 난 후에는 어떻게 그 일이 되어가는지 묻기도 하고 친구의 기분을 살피는 문자를 보내거나 연락을 이어갈 수도 있습니다.

상담을 신청한 학생과의 대화도 이와 비슷한 맥락으로 진행한다면 성공적으로 상담이 이어질 수 있습니다. 하지만 학생은 나의 친구가 아니기 때문에 학생이 어떻게 이런 고민을 하게 되었고, 어떤 방식으로 이 고민을 해결하거나 경험하고 있는지 먼저 살펴봐야 합니다. 이렇게 학생의 상황을 살펴보는 과정과 함께 고려해야 하는 것들이 있는데 이야기를 안전하게 하기 위한 장소, 시간 등을 서로 정하는 일

런의 약속들도 정해야 합니다. 즉, 학생과 상담을 할 때 먼저 해야 하는 순서들이 필요합니다. 상담이 무엇인지, 언제 하는지, 얼마나 계속하는지 등을 정하는 과정이 필요합니다. 또 이 과정에는 상담할 내용을 보호자에게 얼마나 알릴지도 포함하는 경우가 보통입니다. 이렇게 먼저 학생과 상담에 대한 규칙을 정한다면 학생은 선생님과의 대화에 안정감을 느낍니다. 전반적인 약속을 하고 난 후에는 학생이 말하고 싶어 하는 이야기뿐만 아니라 그 이야기가 나온 전반적인 학생의 상황에 대해 알아가는 과정이 필요합니다.

상담실 전화벨 소리가 울렸습니다. 격앙된 보호자는 본교에 재학 중인 2학년 우진이의 엄마라고 합니다. 아이가 학교도 가기 싫어하고 도대체가 무슨 생각을 하는지 알 수가 없다고 이야기합니다. 아이에 대한 불평과 불만을 쏟아내는 어머님의 이야기를 듣고 우진이 담임선생님께 말씀드린 후 상담 일정을 잡았습니다. 상담실에 온 우진이는 머쓱해하며 이야기를 시작합니다.

상담을 진행하다 보면 참 여러 가지 사연을 마주하게 됩니다. 각양각색의 사연들은 다시 여러 가지의 이야기들을 담고 있지요. 우진이 어머님도 우진이를 사랑하는 마음은 여느 부모님 못지않았습니다. 사춘기가 시작된 우진이의 달라진 태도를 보며 '내가 친엄마가 아니어서 그럴까?'라는 내심 걱정, 불안함이 역력하셨지요. 상담을 진행할 때 구조화를 하는 과정에서 어떤 부분을 빠뜨리게 된다면 그림이 완성되지 못합니다. 우진이 사례처럼 가족 형태를 제대로 파악하지 못했다면 우진이의 마음과 보호자의 속상함을 미처 헤아리지 못했을 겁니다. 이처럼 상담구조화는 상담을 받는 학생에 대하여 전반적으로 알아보고 파악하는 것이 중요합니다. 구조화를 할 때 다음의 항목들을 체크하는 질문을 할 수 있어요.

마음돋보기
구조화 질문 목록

상담의 목표에 대한 안내

학생과 만나 대화를 하는 목적. 특히 선생님이 먼저 대화를 요청한 경우에는 목적을 미리 알려주시면 학생의 걱정이나 불안을 줄이는 데 도움이 됩니다.

소요 시간과 일정에 대한 설명

상담에 소요되는 시간을 알려주세요. 그 시간에 따라 학생도 꺼낼 수 있는 이야기가 달라집니다. 10분 이내의 짧은 면담이라면 가벼운 고민을 이야기하겠지만 30분 이상의 집중상담이라면 평소 말하지 못한 깊은 마음속 고민을 꺼내놓을 수 있답니다.

관계 형성 및 태도

"질문을 하려고 하는데 준비가 되었나요?"
"오늘 여기까지 오면서 떠올랐던 생각이 있나요?"
"밥은 먹고 왔나요?"

건강 상태

"현재 특별히 아픈 부분이 있나요?"
"자기 관리를 위해 특별히 신경 쓰고 있는 것이 있나요?"
"어제 몇 시에 잠자리에 들었나요?"

대인관계

"친구들과 보통 무엇을 하면서 시간을 보내나요?"
"나와 친한 친구들은 어떤 학생들인가요?"
"학생들은 혼자 있는 것을 좋아하거나, 한두 명의 친구들과 가깝게 지내거나, 많은 친구와 어울리기도 하는데 나는 어디에 해당하나요?"
"친구들이 내 생일이나 특별한 날을 챙겨준 적이 있나요?"
"힘든 친구를 위로하는 방법을 알고 있나요?"

가족관계

"가족 구성원은 어떻게 되나요?"
"보호자(부모님)가 학교생활에 대해 궁금해하시고, 잘 들어주시나요?"
"가족 중에 누구와 주로 소통하나요?"

학업 수준

"수업 중에 흥미가 있는 과목은 무엇인가요?"
"학교생활 중에 재미있는 일이나 교과 외의 활동이 있나요?"
"학교에서 동아리나 행사에 참여해본 경험이 있나요?"

진로 관련

"나의 미래 꿈은 무엇인가요?"
"하기 싫은 일이어도 끝날 때까지 꾸준히 해본 경험이 있나요?"
"학교를 졸업하고 나서 하고 싶은 일이 있나요?"

정서

"최근에 자주 느끼는 기분이나 드는 생각이 있나요?"
"특정 대상이나 상황이 있을 때 드는 기분을 점수로 표현하면 몇 점 정도일까요?"
"최근 들어, 내 기분이 예전 같지 않다고 느낄 때가 있나요?"

성격

"내가 생각하는 나의 성격은 어떠한가요?"
"사람들은 나에게 무엇을 잘한다고 말하나요?"
"돈이나 물건이 필요할 때 이를 해결하는 방법에는 무엇이 있나요?"

<학교폭력 특별교육프로그램 운영안내서, (충청남도교육청, 2022)>

구조화가 중요한 이유는 학생이 말하는 문제의 영향력과 주변의 상황을 종합적으로 이해하는 데 유용하기 때문입

니다. 또한 학생 스스로 말을 하면서 살펴보고 상담을 해야 한다는 동기를 제공할 수 있습니다. 구조화는 깊은 대화를 하는 것이 아니라, 선생님이 다양하게 질문을 할 수 있습니다. 학생이 말을 많이 하기보다 선생님의 질문들을 통해 진행할 수 있어요. 이 과정을 통해 학생에 대한 전반적인 모습을 마치 스케치하듯 질문들을 통해 파악해 나가는 것이지요. 그렇기에 우리의 적절한 질문이 스케치 과정에서 좋은 도구가 될 수 있습니다.

비밀보장과 비밀보장 한계에 대한 안내

"선생님! 할 말이 있는데 이거 이야기하면 다른 사람한테 이야기하실 거예요?"

학생들에게 자주 듣는 질문 중 하나입니다. 자신의 이야기를 누군가에게 꺼내놓기 전 학생들도 상담하기에 안전한지 확인을 해보는 것입니다. 누군가가 내 이야기를 들어줄 때 비밀을 지켜준다고 생각하면 안심이 되기 마련입니다. 학생들과의 상담도 마찬가지입니다. 선생님과 학생이 나누는 이야기는 비밀이 보장될 수 있음을 학생들에게 설명해

줄 수 있습니다. 보호자에게 이야기를 얼마나 전달해야 할지, 혹은 어떤 내용은 비밀이 보장되지만 어떤 내용은 보장할 수 없는지에 대한 안내가 필요합니다.

도형이는 상담실에 찾아와 "얼마 전부터 같은 반 여학생 소민이를 좋아하게 됐어요. 그 친구 좋아한다는 건 비밀인 거예요! 선생님! 아무에게도 말하시면 안 돼요."라며 이야기를 했습니다. 그리곤 "이거 비밀 보장되는 거죠?"라며 선생님에게 재차 확인을 했지요. 도형이의 이야기는 비밀을 보장해야 할까요? 이성 친구를 좋아하게 되었다고 이야기하던 도형이의 상담은 비밀이 보장되는 내용입니다. 학생의 안전에 위협이 되거나 혹은 폭력이 의심되는 상황이 아니기 때문이지요. 비밀이 보장되지 않는 예외 사항은 4가지의 경우가 있습니다.

- ○ 자신 또는 타인의 생명이나 안전이 위험한 경우
- ○ 아동학대 및 학교폭력을 알게 되거나 의심이 되는 경우
- ○ 법에 따라 정보를 공개해야 하는 경우
- ○ 전염성이 있는 치명적인 질병을 가지고 있는 경우 등

<학생상담심리지원 안내자료, (교육부, 2022)>

이처럼 비밀 보장에 대한 안내 시 예외 사항이 있다는 것을 학생에게 안내해 주어야 합니다. 학생의 안전과 보호를 위해 비밀 보장 예외 사항이 존재하며, 선생님은 학생의 안전을 지켜줄 의무가 있다고 말이지요.

다시 도형이의 사례로 가봅니다. 여느 날과 달리 도형이의 표정이 밝지 않습니다. 손목에 붙어 있는 큰 밴드도 눈에 띄지만 도형이의 이야기를 찬찬히 경청하고 있었어요. 이내 교실 바닥만 보던 도형이가 고개를 들더니 "실은 요즘 친했던 친구들이랑 사이가 틀어져서 학교생활이 어려워요…. 너무 답답해서… 죽고 싶다는 생각도 들구요."라고 어렵게 말을 꺼냅니다. 도형이의 이야기를 듣고 지금까지 혼자 고민했을 도형이의 등을 토닥여줍니다. 그리고 오늘은 도형이의 상담내용이 비밀 보장이 어려움을 전달했어요. 상담을 시작할 때 비밀 보장에 대한 안내를 들었던 도형이는 고개를 끄덕이지만 '엄마가 아시면… 혼내실 것 같아요. 꼭 엄마한테 이야기해야 해요?'라며 되묻습니다.

학생의 상담 내용이 비 밀보장 예외에 해당되지만, 이를 학생에게 이야기했을 때 불안해한다면 이로 인해 걱정되는 학생의 '불안'한 마음을 다루어주어야 합니다. 이를 위해 선생님은 다음과 같이 이야기할 수 있습니다.

"선생님이 부모님께 이야기할 경우 어떤 것이 가장 걱정이 되
는 거니?"

"혹시 선생님이랑 얘기하기 전에 걱정되는 것이 있니? 오늘
한 얘기를 부모님이 얼마나 아셨으면 좋겠어? 혹시 선생님
이 꼭 비밀로 해줬으면 하는 내용이 있니?"

"부모님께 말씀드리면 혼이 날 것 같아서 무서운 거구나. 하
지만 선생님은 네가 안전에 위협을 느끼는 상황에서는 너를
지켜야 할 의무가 있단다. 선생님이 부모님께 이 내용을 말
씀드리고 같이 상의해도 괜찮을까?"

구조화할 때 비밀에 관한 이야기는 학생이 어디까지 이
야기할 것인지 스스로 정할 수 있기 때문에 꼭 안내되어야
하는 부분이기도 합니다. 이때 대화 자체의 목적에 대해 한
번 더 안내해 주는 것이 도움이 됩니다. 상담은 학생의 사
적인 대화나 이야기로 진행됩니다. 상담을 진행하는 선생
님께서는 이 과정을 함께하며 '상담의 한계'를 학생이 정할
수 있도록 도와 상담에 대한 참여를 지지할 수 있습니다.

"내가 필요한 대화" vs "네가 필요한 대화"

학생들과 대화할 때 학생이 먼저 필요한 이야기를 시작하면 좋겠지만, 어떤 학생이냐 혹은 어떤 주제냐에 따라 학생들의 모습은 마치 선생님과는 대화할 마음이 없는 것처럼 보일 때가 종종 있습니다. 학생과 선생님 사이의 대화는 학생의 학교생활에 도움이 되는 것을 목적으로 시작하는 경우가 많기 때문입니다. 이럴 때 학생들과의 하는 대화는 주로 보호자, 선생님의 필요로 시작됩니다. 선생님의 주도로 계속 이어지는 경우가 많으므로 구조화할 때 모든 목록을 다 물어봐야 하는 것은 아닙니다. 특히 선생님의 궁금증으로 시작되어 학생에 대해 캐묻는 것은 부적절합니다. 학생의 문제와 관련된 내용을 물어보는 것이 필요하며, 이때 선생님의 궁금증에서 시작된 질문을 하는 것은 불필요한 질문이 될 수 있지요. 이러한 불필요한 질문들은 학생들이 대화에 쉽게 참여하고 수긍하기도 하지만, 받아들이지 못하거나 지적을 받는다고 생각하는 경우도 생깁니다.

우리는 학생과 대화할 때 학생의 반응이 줄어들수록 설득하고 더 말을 걸고 싶어집니다. 우리가 학생보다 더 말을 많이 하거나(설득하고 싶어 하거나) 대화가 자꾸 끊기게 되면 학생과 나누는 대화는 점점 더 부담스러워질 수 있습니다.

선생님은 점점 더 답답해지고 고민이 깊어집니다.

학교에서 선생님과 하는 대화는 어른과 아이 간의 소통입니다. 선생님은 학교에서 어떤 모습일까요? 선생님은 학교에서 학생들과 일대일로 대화를 하기도 하지만, 학생들에게 안내나 지시를 하기도 하고, 평가하는 역할을 담당하기도 합니다. 또 학생들이 학교규칙을 지키도록 훈계하는 경우도 있습니다. 이런 이유로 어떤 학생들은 선생님과 둘만 남아 이야기하는 상황 자체를 힘들어하기도 합니다. 선생님이 대화를 하자고 하면 긴장해서 거의 말을 하지 못하기도 하고요. 선생님은 '어른의 질문'을 하고 있기에, 학생 입장에선 답을 해야 한다는 압박을 느낄 수도 있습니다. 그렇기에 더욱더 선생님의 질문은 학생에게 도움이 될 수 있는 필요한 질문들로 제시해야 합니다.

처음 학교에서 대화하기 쉽지 않은 학생들을 만났을 때는 무작정 인내심을 갖고 기다렸던 것 같습니다. 진심으로 그 학생을 아끼는 마음으로 기다리고 계속 말하면 언젠가 진심이 통하겠지 하는 기대를 해보기도 합니다. '진심이 통하기를 기대하는 마음'은 학생이 말을 하지 않을 때 학생 탓을 하지 않는 데 도움이 되고, 말이 없거나 어색해하는 학생을 보며 대화의 방향을 잃지 않도록 해 줍니다.

선생님의 기다림이 전해지고 학생과의 대화가 효과적으

로 진행되는 경우가 많겠지만, 많은 학생들과 대화를 하다 보면 시간이 부족할 때도 있고, 어려운 주제를 꺼내야 할 때도 있습니다. 또 학생이 나의 의도와는 다르게 내 말을 오해하기도 하는 안타까운 상황이 있을 수도 있습니다. 이럴 때 대화의 기술이나 전략을 활용할 수 있다면 선생님들의 진심과 기다림이 잘 전달될 수 있습니다. 이 과정은 몸에 좋지만 먹기에 쓴 약을 먹을 때 달달한 사탕을 준비하는 것과 같습니다. 그리고 몇 가지 사탕을 가질 수 있다면 보다 더 학생과 잘 통하는 대화를 하는 자신만의 방법들을 갖게 될 것입니다.

학교 상담은 소통이다.

당황스러운 마음을 인정하고 경청하기!

선생님: "어서와. 엄마가 가보라고 해서 상담실에 왔는데….
　　　　혹시 엄마는 무엇 때문에 네가 여기 오면 좋겠다고
　　　　생각하셨을까?"

민지: "글쎄요."

선생님: "여기 오기 전에 어떤 일이 있었던 건 아닌지 궁금하
　　　　구나."

민지: "모르겠는데요."

　민지는 엄마가 '한번 가보라'고 해서 위(Wee)클래스에 오
게 되었습니다. 시큰둥한 표정으로 앉아 있는 민지에게 여
기에 오게 된 이유를 물어보았습니다. 돌아오는 대답은 '몰

라요'였습니다. 이미 전에 '몰라요'만 반복했던 학생들이 생각나 조금은 긴장된 채 말을 이어갔습니다. 민지가 아무것도 알려주지 않을 것 같다는 생각은 이제 확신으로 바뀌고, 둘이 마주 앉은 공간에 부담스럽고 긴장되는 느낌이 가득 차는 것 같았습니다. 하지만 민지와 대화를 이어 나가고 싶습니다. 조금 더 민지의 이야기를 듣고 싶다는 생각을 하며 잠시 고민하다가 이렇게 다시 말을 건네봅니다.

선생님: "민지야. 네가 대답하는 걸 듣다 보니 선생님은 문득 네가 여기 오기가 쉽지 않았겠다 싶구나."

민지: "네."

선생님: "그러게. 정말 어려운 걸음을 했네. 오기도 힘든데다 너는 올 이유가 없다고 생각하는데도 엄마의 부탁을 들어준 이유가 있을 것 같은데."

민지: "안 가면 또 뭐라고 할 테니까요."

선생님: "그렇구나. 엄마랑 갈등하는 상황이 생기는 게 싫어서 이렇게 온 거구나."

민지: "네. 엄마는…."

민지가 느꼈을 불편하고 힘든 마음에 편을 들어주자 민지는 조심스레 엄마 이야기를 하기 시작했습니다. 민지처럼 선생님의 질문에 '몰라요'만 반복하는 학생들을 만나 이야기를 할 때 당황스러운 마음이 드는 건 어쩌면 당연합니다. 학생들이 아니더라도 어떤 사람이 나의 질문에 단답으로만 응답한다면 대화하기 싫다는 것처럼 느껴지고, 그 사람과의 대화를 이어가기 어렵습니다. 그리곤 쉽사리 '이 사람이랑은 잘 안 맞네. 소통이 안 되는구만!'하는 생각이 스칩니다.

학생과의 상담은 이와는 좀 다릅니다. 나와 대화하기 싫어하는 것처럼 보이는 학생이 실은 '복잡한 심정'이기에 대화를 불편해할 수도 있기 때문이지요. 대화를 일방적으로 중단할 수도 없습니다. 우리는 학생들을 상담이 끝나더라도 지속적으로 만나서 수업도 하고, 생활지도도 해야 하기 때문입니다.

민지는 엄마의 일방적인 상담 신청으로 대화를 나누게 되었지만, 상담을 받지 않으면 엄마와 갈등이 다시 시작 될 테니 결국 상담을 받으러 왔습니다. 선생님은 앞에 앉아 있는 '민지'의 반응에 스스로 당황스러운 마음도 있겠지만, 상담을 위해 선생님에게 찾아온 민지에게 고마운 마음을 전하며 상담의 목적과 함께 민지의 이야기에 경청하고 있음을 전달해 줄 필요가 있습니다.

"민지야. 엄마가 신청한 상담이 불편하고 어려웠을 텐데… 약속 시간도 잘 지키고 선생님과의 상담에 응해주어 고맙구나. 오늘 상담은 민지가 학교생활을 좀 더 편안하게 할 수 있도록 돕기 위한 시간이야. 선생님과의 상담에 오기까지 민지가 평소 이야기하고 싶었던 고민이 있다면 이야기해도 좋아!"

선생님의 이야기를 들은 민지는 어느새 선생님과 소통이 잘 될 것 같다는 기대를 하게 될 수 있어요. 학생과의 상담은 보통 민지처럼 보호자나 다른 선생님의 의뢰나 지도에 의해 시작되는 경우가 많습니다. 문제를 해결하는 당사자는 학생임을 기억해야 합니다. 학생의 이야기를 경청해준다면 어느새 선생님과의 상담에 대한 참여를 이끌어 낼 수 있을 겁니다.

어릴 적 아빠에게 고민을 이야기한 적이 있었습니다. 정확한 시기도, 고민의 내용도 기억이 흐릿하지만, 아빠가 나의 이야기에 따스한 눈빛과 진지한 표정으로 잘 경청해준 모습은 또렷하게 기억납니다. 지금 떠올리면 나의 고민을 들으신 아빠가 무슨 이야기를 해주셨는지도 생각나지 않아요. 나의 이야기를 온전히 경청해주시는 아빠의 모습을 처음 보았거든요. 그 장면이 아직까지 잊혀지지 않고, 세상에서 나의 이야기를 가장 진지하게 들어주신 '어른의 모습'으로 생생하게 남아있습니다.

상담 장면에서 경청은 전반적으로 학생의 이야기를 듣는 과정입니다. 어떤 태도로 이야기를 듣느냐에 따라서 학생은 다른 느낌을 받을 수 있어요. 자칫 선생님의 말투, 태도로 인해 학생들이 조사를 받는 느낌을 받을 수도 있어요. 반면 학생이 자신의 이야기를 선생님이 잘 들어주신다는 느낌을 받을 수 있도록 하는 것은 학생의 문제를 진짜 이해하고자 하는 마음이 주요 열쇠입니다. 잠겨 있는 문을 여는 열쇠처럼, 학생의 마음의 문을 여는 경청은 공감으로 이어지는 '다리'이기도 하지요. 그렇기에 경청은 상담에서 참 중요하게 여기는 부분입니다. 중3 다혜의 이야기입니다. 그날따라 일찍 등교한 다혜가 다급히 이야기를 하고 싶다며 교사 업무용 책상 옆 보조 의자를 끌어다 앉습니다.

다혜: "선생님… 실은 할 말이 있어요."

선생님: "그래. 다혜가 하고 싶은 말이 있었나 보구나. 무슨 일인지 이야기해도 좋아!"

다혜: "음… 선생님~ 제가 어제 아침에 눈을 떴는데 갑자기… 너무 우울한 거예요. 그래서… 잘 참고 있었는데. 다시 자해를 하고 싶다는 생각이 났어요."

선생님: "(자연스럽게 눈 마주침 유지) 그랬구나. 어젠 다혜가 자해를 생각할 만큼 유난히 마음이 힘들었나 보구나."

다혜: "그런데요 선생님. 선생님의 얼굴이 생각나서요. 도저히. 못 하겠더라구요. 그래서 선생님이랑 했었던 호흡 세기도 하구요. 마음속 블루버튼(자해 생각을 멈추고자 내담자 스스로 지칭한 용어)을 떠올리며, 음악도 듣고 해서… 마음이 좀 그나마 괜찮아지더라구요. 어제 일 때문에… 오늘 등교하자마자 수업 전에 이렇게 잠깐이라도 선생님이랑 이야기 나누고 수업 들어가려고 (선생님께) 온 거예요."

선생님: "힘든 순간에 블루버튼도 떠올리고, 선생님을 떠올렸다니… 고맙구나. 무엇보다 다혜야! 힘든 감정을 조절하기 어려웠을 텐데 스스로 마음을 조절하려 노력한 것이 참… 기특하다!"

　다혜의 이야기를 듣고 내심 기운이 났습니다. 바쁜 일상에서 학생들이 와 이야기를 하더라도 하던 일을 멈추고 귀를 기울인다는 것이 어려울 때도 있습니다. 그럼에도 불구하고 잠깐의 시간을 내어 나눈 다혜와의 대화로 하여금 학생과 대화를 나누는 선생님이 어떤 태도와 눈빛을 지니는 것이 열 마디 말보다 큰 힘을 지닐 수 있다는 것을 깨닫는 순간이기도 했습니다. 선생님이 학생의 이야기를 듣고 공감한다는 것은 결국 '경청'이 준비되어야 하고, 그 이야기에 나의 생각과 판단은 살짝 뒤로 미루어야 해요. 다혜가 자해를 또 생각했다는 말에 실망과 조급함, 당황스러운 마음도 들지만, 자해를 생각할 만큼 힘들고 어려웠을 다혜의 마음을 이해하는 것이 중요하답니다. 그리고 그런 선생님의 마음을 마주하고 있는 학생도 선생님의 진심을 느끼게 될 거예요.

결국 가장 기억에 남는 것은 나의 이야기를 잘 들어주시던 아빠의 표정인 것처럼 말이지요. 학생과의 진정한 소통의 시작은 우리의 예상과는 다른 반응을 하는 학생들의 모습에서 느껴지는 당황스러운 마음을 인정하고, 학생이 말하는 '어렵다'는 이야기에 귀 기울여보는 겁니다.

질문은 공감과 함께해보기!

학교 상담하면 무엇이 떠오르냐며 학생들에게 물었습니다. 그랬더니 '선생님이 자신의 이야기를 들어주는 것', '나의 마음을 이해해줌'이란 답변들이 이어졌어요. 그래서 상담을 해주시는 선생님 모습을 떠올리면 '참 마음이 든든해져요'라는 이야기를 들었을 땐 뿌듯하기도 했습니다.

학생과 대화를 할 때면 선생님이 '필요한 질문'들을 먼저 하고 답변을 듣기 바쁠 때도 있습니다. 학생의 문제를 빨리 파악하고 해결해줘야 한다는 생각에 폭풍 질문들을 쏟아내고, 섣부른 조언들로 대화를 이어가지요. 조언을 필요로 하지 않는 학생에게 선생님의 섣부른 조언은 아무런 도움이 되지 못한답니다. 그렇기에 선생님의 질문에 학생이 처음 자신의 이야기를 할 때, 학생의 이야기에 '제대로 공감'을 한다면 효율적인 상담을 진행할 수 있어요. 운동을 할 때 호흡하기를 빼놓을 수 없는 것처럼 선생님이 질문을 할 때 학생에게 적절한 공감은 상담에서 기본적인 요소입니다.

공감은 상대방의 경험을 마치 나의 경험인 것처럼, 느낀 것을 상대방에게 '되돌려 주는 것'입니다. 우리가 직접 경험한 것이 아닌데 '마치 자신의 경험인 것처럼' 느끼고, 상대방에게 되돌려주라니. 참 어렵습니다. 다시 말해 공감은 '내가 당신의 마음을 이해하고 있음'을 상대방이 느끼는 거예요. 선생님의 마음 호수에 학생들의 거센 파도 같은 감정이나 생각들이 휘몰아칠 때 잔잔히 비춰주는 겁니다. 공감은 비언어적으로도 표현이 되며, 목소리 톤, 자세, 고개 끄덕임 등이 포함됩니다. 공감을 통해 상담을 받는 이로 하여금 내가 당신의 말을 잘 들어주고 있음을 전달해 줄 수 있어야 합니다. 스스로가 어려울 때 자신의 이야기를 들어주던 다른 사람의 모습을 떠올려보고, 나는 어떤 모습을 하고 있는지 생각해 보면 좋을 것 같습니다.

다시 민지 이야기로 돌아가 봅시다. 민지는 '집에 가기 싫다.'며 상담을 받으러 왔습니다. 적절한 공감 표현은 상담을 지속하기도 하고 학생의 상담 참여 정도에 영향을 미치기도 합니다. 공감 표현이 잘 되지 못한 사례부터 살펴봅시다.

민지: "수업도 듣기 싫은데, 집은 더 가기 싫어요. 실은 학교에 있으면 수업은 너무 지루하고 전부 다 힘들어요."

선생님: "민지야~ 벌써 힘들면 어떻게. 이제 2학년인데, 3학년 되면 더 힘들어! 이 정도 수업은 쉬운 편이다. 그리고 오늘은 6교시만 하면 돼~ 좀만 더 버텨봐!"

민지: "(말없이 바닥만 보고 있음) 네…."

선생님은 민지의 어려움이나 힘든 이야기는 뒤로 미룬 채, 문제를 해결해주려고만 합니다. 이렇게 되면 민지는 할 말도 잃어버리고, 다음으로 헤쳐 나갈 문제를 해결할 힘도 잃어버립니다. 반면 적절한 공감으로 시작된 상담은 민지가 학교생활을 적극적으로 할 수 있는 '동기'가 되기도 합니다. 공감 표현이 잘 된 질문의 민지 사례로 다시 살펴봅시다.

민지: "수업도 듣기 싫은데, 집은 더 가기 싫어요. 실은 학교
에 있으면 수업은 너무 지루하고 전부 다 힘들어요."

선생님: "(고개를 끄덕이며) 수업도 듣기 힘들고 집에 있는 것
도 힘든가 보구나. 수업을 들을 때 가장 어려운 점은
뭐가 있을까?"

민지: "그게요… 수업 시간에 내용이 이해가 안 가요. 선생님
말이 작년보다 너무 어렵게 느껴져요."

선생님: "(따스한 눈빛으로 학생과 눈을 마주치며) 내용이 어
려워져서 수업 시간이 더 어렵고 힘들겠구나. (민지
의 힘든 마음 공감하기) 그렇게 지루하고 힘든데도
불구하고 오늘 오전 수업을 다 듣기도 했는데~ 어떤
힘으로 버틴 거야?(대처 질문 해보기)"

민지: "에이~ 쌤! 제가 그래도 해야 하는 건 해요! 수업은 들
어야죠."

비언어적인 공감과 함께 언어적인 표현들도 알아두신다
면 학생에게 도움이 되는 공감 표현을 충분히 해낼 수 있을
겁니다. 다음의 공감 표현들을 활용하신다면 훨씬 효과적
으로 학생과의 소통이 가능해질 수 있습니다.

마음 돋보기

도움이 되는 공감 표현

○ "그동안 진짜 힘들었겠다"

○ "다른 힘든 것도 있니?"

○ "선생님 앞에서는 울고 싶으면 마음껏 울어도 돼!"

○ "말하기 힘들었을 텐데 말해줘서 고맙다"

○ "사실 선생님도 너의 모습을 보며 걱정을 많이 했었어!"

○ "힘든 상황인데 잘 버텼구나. 정말 잘한다. 그렇게 버틸 수
    있던 힘은 어디에서 온 거니?"

<한국형 표준자살예방 생명지킴이 양성프로그램, (교육부, 2014) 中>

당신, 있는 그대로의 모습에 다정함 한 스푼 더하기

"선생님… 저한테 이렇게 따뜻하게 대해 준 사람은 별로 없어
서… 어색해요."

소망이의 붉은 볼에는 눈물이 한없이 흐릅니다. 책상에
있던 휴지를 뽑아 소망이의 손에 가만히 쥐어 줍니다. 소망
이는 중1 남학생입니다. 초등학교 때부터 ADHD 때문에
충동 조절이 안 되었고, 어른들에게 혼나기 일쑤였어요. 보
호자 상담에서 어머님은 "선생님! 저도 소망이 때문에 속상
한데 어떻게 해야 할지… 답답해 미치겠어요. 어떨 때는 소
망이가 밉기도 합니다."라는 이야기를 하셨어요.

소망이도, 보호자도 너무 힘겨운 시간을 보내고 있었어
요. 담임선생님 손에 이끌려온 소망이와 첫 상담을 할 때
소망이는 상담실을 뛰쳐나갔습니다. 상담받고 싶지 않고,
선생님과도 이야기하고 싶지 않다고 말이지요. 이후 소망
이가 다시 편안하게 상담실로 올 수 있도록 도와주고자 작
은 메모를 건네었습니다. 메모에는 소망이가 좋아한다는
젤리도 덧붙였고요. 메모에 "소망아! 반가워. 소망이가 하
고 싶은 이야기가 있다면, 선생님을 찾아와도 좋아! 소망이
이야기를 듣고 싶고, 선생님은 소망이를 기다릴게요. 좋은

하루 보내!" 메모를 본 소망이는 시큰둥한 표정으로 가만히 서 있었습니다. 2주가 지났을까요. 소망이가 상담실을 찾아와 "상담 받을 수 있어요?"라고 물었습니다. 소망이의 질문에 "물론이지~"라고 반갑게 맞이했지요.

상담을 진행하기로 한 날, 소망이는 상담실에서 자신의 이야기를 시작했습니다. 처음에는 선생님이 잘 대해주셔서 실은 어색하고, 상담이 어렵게 느껴졌답니다. 자신의 속마음을 이야기해 준 소망이에게 고마움을 표현하고 "소망이 입장에선 충분히 그럴 수 있었겠다." 작은 공감과 다정함을 표현해 주었지요. 학생들의 이야기 속에는 '마음의 목소리'가 담겨있습니다. 학생들에게서 보여지는 '잘못된 행동'에 집중하다 보면 진짜 마음은 놓치기 마련입니다. 그렇기에 학생들과 이야기 나눌 때 선생님의 섣부른 충고나 판단은 잠시 미뤄주시는 게 좋아요. 만약 소망이가 상담 시간을 지키지 않고, 상담실을 뛰쳐나간 행동에 대해 '버릇없는 아이'라고 판단을 해버렸더라면 어떻게 되었을까요. 소망이의 진짜 마음속 이야기를 들을 수 있는 기회가 없었을지 모릅니다. 물론 아이의 모든 이야기를 공감하고, 마음을 꿰뚫어 보는 것은 어렵습니다. 우리는 점쟁이도 아니기에, 한 번의 대화로 모든 것을 파악할 수는 없어요. 선생님이 할 수 있는 것은 '상담은 학생과 함께 만들어가는 시간'임을 학생에게 전달하는 겁니다. 학생이 스스로 어디까지 이야기할지 자신에게 선택과 책임이 있음을 알려주는 거지요. 상담 장면에서는 상담을 받는 학생에게 자율성이 있다는 것을 기억해주세요.

그리고 선생님이 지닌 모습에서 아주 작은 다정하고 따스한 표현만 더해주시면 됩니다. 선생님의 평소 있는 그대로의 모습을 보여주는 것도 나쁘지 않습니다. 그냥 선생님의 현재 모습에서 다정함 또는 선생님에게 필요한 ○○○ 한 스푼을 더해주는 겁니다. '상담'이라고 하면 친절한 상담자의 모습을 기대하곤 합니다. 하지만 모든 상담자가 친절한 모습을 지니진 않습니다. 선생님의 있는 모습 그대로의 태도 또한 사회에서 다양한 사람들을 만나며 성장해야 할 학생들에게는 배울 수 있는 기회가 될 수 있습니다.

소망이가 선생님을 다시 찾아올 수 있도록 만든 방법은 소망이가 경험하고 있을 것 같은 마음을 추측해 보고, 소망이의 마음에 동의하는 것이었습니다. 그 외에도 '몰라요', '없어요', '아니요', '글쎄요' 같은 속을 알려주고 싶어 하지 않는 것같이 보이는 학생들을 만났을 때, 여러 가지 방법을 사용하다 보면 어느새 학생들과 '자연스러운 대화'를 하게 되는 경우가 많았습니다. 마치 라디오 주파수를 맞추며 또렷해지는 소리를 찾듯이, 학생과 멈춤 없이 대화를 하도록 돕는 표현들이 있답니다. 다정함 한 스푼과 함께 다음의 표현 중 선생님만의 용어로 바꾸어서 활용하신다면 학생들과 소통할 때 '즐거운 상담'을 시작할 수 있습니다.

마음돋보기
도움이 됐던 표현

- "지금 얘기하기 힘들 수도 있어. 여기 있는 과자를 먹는 동안 선생님이 조금 기다려볼게."
- "선생님이 이렇게 둘이 앉아 있는 게 조금은 긴장될 수도 있을 것 같아. 만약 무슨 말을 어떻게 해야 할지 몰라서 당황스러운 걸까? 그렇다면 선생님이 먼저 지금 이 시간이 무엇을 하는 시간인지 설명해줄게. "
- "'몰라요'라는 의미가 무엇인지 궁금하구나. (학생이 침묵한다.) 그동안 선생님이 만났던 학생들이 말했던 '몰라요'는 '무슨 대답을 해야 할지 나도 잘 모르겠다.', '어색해서 이 분위기가 불편하다.' 등등이었어. 이 중에서 혹시 지금 너의 상황과 가장 가까운 답이 있을까?"

그냥 응원 편지입니다.

마음돋보기를 꺼내주신 선생님께

이 책을 쓰면서 많은 학생들이 떠올랐습니다. 선생님도 책을 읽는 동안 마음에 남아있던 학생들이 문득문득 떠오르지 않으셨나요? 아마 그 마음에는 학교에서 별 탈 없이 지냈던 학생들보다는, 학업을 포기할까 봐 마음 졸였던 학생, 갑자기 화를 내거나 자주 울던 학생, 책상에 엎드려 있고, 혼자 있던 학생들이 더 남으셨을 것 같습니다. 그 학생들이 눈에 밟혀 이 책을 열어보셨을지도 모르겠네요.

이 책을 완성하기 위해 한 글자 한 글자 써 내려가는 동안 비슷한 고민을 많이 했습니다. 우리가 만났던 학생들을 떠올리며 '그때 어떻게 했다면 더 좋았을까?' 고민하고 이야기를 나누던 시간도 많았습니다. 선생님 역시 혼자만의 시간에 고민을 많이 하셨을 것이고, 때로는 어려운 결정을 내렸던 순간도 있으셨겠죠.

특히 요즘 교실에서 마주하는 문제들은 선생님 혼자 해결하기가 더욱 복잡하고 어려운 경우가 많습니다. 어쩌면 그 이면에 학생들이 학교에서 겪었던 이전의 경험들이 영향을 주어 선생님께서도 예전보다 더 학생들을 만나는 학교에서의 순간들이 더 힘들게 느껴지지 않았을까 생각해 봅니다.

하지만 시간이 지나, 우리에게 안부나 감사 인사를 전하는 학생들은 같이 그 힘든 시간을 지나왔던 학생들이 대부분이었습니다. 그러니 지금 교실에서 우리와 '지지고 볶는' 학생들도 언젠가 훌쩍 자란 모습으로 "선생님, 잘 지내셨어요?"라며 연락이 오는 날도 올 겁니다. 그리고 그때가 오면 우리의 마음에도 뿌듯함이 피어나겠지요.

그런 순간들이 우리의 노력과 기다림이 헛되지 않았다고 알려줄 것입니다. 물론 그때까지 학생과 함께하는 시간이 쉽지는 않겠지만, 우리의 관심이 얼마나 중요했는지 알게 되는 순간은 올 것입니다.

그 순간을 기다리는 방법에는 정답이 없습니다. 학생들은 비슷해 보일 때도 있지만 각자 다른 자기만의 이야기를 가지고 있기 때문에, 우리가 그 이야기를 보다 자세히 바라볼 수 있다면 학생들에게 꼭 맞는 방법을 찾게 되겠지요. 마음돋보기는 그 과정을 보다 수월하게 만들어 줄 수 있을 것입니다.

학생들의 마음이 아프다거나 고민을 듣게 될 때 많은 선생님들이 '마음을 쓰게 된다.'라고 말합니다. 하지만 그 많은 학생들에게 온통 마음을 쓰게 되면 그 마음이 쉽게 지치고 사라질 수 있습니다. 이제는 학생들과 상담할 때 '학생에게 마음을 쓰는 일'이 아니라, 마음 돋보기로 '학생을 바라보는 일'이라고 생각하면 좋겠습니다. 그러면 선생님의 마음도 지키면서 학생들의 마음도 더 잘 보일테니까요.

학생들과 상담을 하려고 마주 앉아 첫 마디를 꺼낼 때 '무슨 말부터 하지?'라며 고민되거나 망설여지는 순간도 있을 겁니다. 또 학생의 이야기를 듣다 보면 '어떻게 다가가야 할까?'하는 생각이 들 때도 있습니다. 그럴 때마다 '마음돋보기'를 꺼내 들고, 그 마음을 속에 무엇이 있는지 들여다 보시기 바랍니다. 비록 학생들이 우리에게 말로 다 표현하지 못하더라도, 진짜 마음을 발견할 수 있을 것입니다.

마지막으로, 이 책을 읽는 동안 처음 학생을 마주했을 때 느꼈던 '첫 마음'을 떠올리셨으면 좋겠습니다. 그 첫 마음은 학생들과 관계를 쌓아가는 데 큰 원동력이었을 것입니다.

시간이 지나면서 우리도 많은 현실적인 어려움들이 있었겠지만, 그 첫 마음은 여전히 남아있을 것입니다. '마음돌보기'로 지금 만나는 학생들을 새롭게 바라보고 학생들과 다시 즐겁게 의미 있는 시간을 만드는 기회도 생겨나기를 바랍니다.

그렇게 학생들의 이야기를 귀 기울여 듣고, 그 마음을 세심하게 들여다보다 보면, 어느새 다시, 즐겁게 학교 상담이 시작 될 것입니다. 우리의 걱정이나 고민은 줄어들고, 학생들은 더 쉽게 마음을 열고, 자신을 더 솔직하게 표현하고, 자신의 어려움을 해결하려는 의지를 갖게 된다면 우리와 학생 모두가 더 성장할 수 있지 않을까요.

학생이 어려움을 겪을 때도, 기쁨을 표현할 때도, 우리가 학생의 '진짜 마음'을 더 잘 이해하고 공감하는데 '마음돌보기'가 유용하고 든든한 학교 상담의 또 다른 방법이 되기를 바라봅니다.

학생들과 함께 만들어갈 우리의 새로운 이야기, 다시 즐거워질 학교 상담을 응원합니다.

p.s

마음돋보기로 마음을 바라보고 싶을 때
인스타그램(@omaboki)에도 놀러오세요.

:)

선생님의 마음도 바라보고 싶은
'오늘도 마음돋보기'팀 드림

참고 문헌

- 교육부. (2023, 8, 23). 학생, 교원, 학부모가 상호 존중하는 교권 회복 및 보호 강화 종합방안(안). 교육부 책임교육정책실.

- 교육부. (2024.). 2024학년도 학교생활기록부 기재요령. 교육부.

- 김아람, 유인선. (2023). 위기사안별 개인상담프로그램 학교폭력 피해학생 회복프로그램 마음새.이.프.(SAFE). 한국교육개발원.

- 김영미. (2022). 나를 돌보고 서로를 돌보는 마음챙김: 어떻게 아이 마음을 내 마음처럼 자라게 할까/크리스토퍼 윌라드 지음·김미정 옮김. 우리교육, 117-119.

- 여성가족부. (2024). 2023 청소년백서. 서울: 어성가족부.

- 충청남도교육청. (2023, 2.). 학교폭력 특별교육 프로그램 운영 안내서. 충청남도교육청.

- 한국심리학회. (2014). 심리학용어사전. 서울: 한국심리학회.

- Chales R. Wswenson. (2020). 살아있는 DBT. 남지혜, 남지은(번역). 서울: 시그마프레스.

- David G. Myers (2022). 마이어스의 심리학개론. 신현정, 김비아(번역). 시그마프레스.

- James J. Mazza., Elizabeth T. Dexter-Mazza., Alec L. Miller., Jill H. Rathus., Heather E. Murphy. (2022). DBT 학교에 가다. 조윤화, 김기환, 권승희(번역). 서울: 학지사.

- Julie F. Brown. (2020). 변증법적행동치료 기반 정서조절 기술 시스템. 최현정, 조윤화(번역). 서울:학지사.

- Keith C. Herman, Wendy M. Reinke,Andy J. Frey,Stephanie A. Shepard. (2015). 학교에서의 동기강화상담. 신성만,김동일,정여주 (번역). 서울:박학사.

- Margaret E. Blaustein., Kristine M. Kinniburgh. (2019). 아동·청소년 외상치료의 새로운 전략. 김도연, 김인주, 장진이(번역). 서울:학지사

- Swenson, C. R. (2020). 살아있는 DBT®: 변증법적 행동치료의 원리와 실제. 남지혜, 남지은(번역)). 서울: 시그마프레스.

- Werner, E. E., & Smith, R. S. (1992). Overcoming the Odds: High Risk Children from Birth to Adulthood. Cornell University Press.

다시, 즐거운 학교 상담

마음돋보기로 바라보는 우리의 진짜 속마음

초판 1쇄 발행 2024년 12월 10일
지은이 유인선 백소라 김아람 이경민

발행인 김병주
편집위원회 한민호 김춘성　**마케팅** 진영숙
디자인 백헌탁　**레이아웃** 정진주

펴낸 곳 (주)에듀니티
도서문의 1644-5798
일원화 구입처 031-407-6368 (주)태양서적
등록 2009년 1월 6일 제300-2011-51호
주소 서울특별시 중구 남대문로 117, 동아빌딩 11층
출판 이메일 book@eduniety.net
홈페이지 www.eduniety.net
페이스북 www.facebook.com/eduniety
인스타그램 www.instagram.com/eduniety/
　　　　　www.instagram.com/eduniety_books/
포스트 post.naver.com/eduniety

문의하기

투고안내

ISBN 979-11-6425-171-1

값은 뒤표지에 있습니다.